Cultura Africana
O RETORNO
O Bolo de Volta
Celso Salles
2ª Edição

Celso Salles, filho de Manuel Ferreira Salles e Horaide de Sousa Salles, nascido em 28 de Maio de 1959, na cidade de Itirapina - SP - Brasil, casado com Mírian Amorim Salles em 1988, pai de Leandro Amorim Salles (1994) e Lucas Amorim Salles (2000), formado em Ciências Econômicas - Administração de Empresas, pela ITE - Instituto Toledo de Ensino de Bauru - SP - Brasil. Especializado em Plataformas Digitais e Gestão de Projectos, em sua marioria pertencentes a Área Social, vivendo em Luanda - Angola - África, no ano de 2021 onde escreveu mais este livro da Coleção África.

A ÁFRICA quer o bolo de volta. Vale a pena ler este livro e conhecer muito de uma história relativamente não divulgada (Conferência de Berlim), que o autor Celso Salles, tem o privilégio de contar. Dois importantes termos aparecem em boa parte dos seus textos: REPARAÇÃO e TRANSFORMAÇÃO. Uma NOVA ÁFRICA a ser forjada por uma nova geração, muito bem educada e, com o propósito de tornar o continente africano digno de se viver, à partir de sua própria visão. O RESGATE inicia-se pela cultura africana, a mais rica e diversificada em todo o mundo. É plenamente possível se fazer a REPARAÇÃO, principalmente quando a África e a Diáspora Africana começam a trabalhar juntas, com inteligência, ciência e conhecimento, em busca de uma nova ordem mundial, onde o PODER HUMANO cada vez mais se equilibra ao PODER FINANCEIRO: A TRANSFORMAÇÃO.

2021

DEDICATÓRIA

Dedico este livro a Lígia Margarida Gomes, uma mulher de imenso significado para a diáspora africana brasileira. Presidenta de uma SOCIEDADE fundada em 16 de Setembro de 1832 em Salvador - Bahia, nascida entre dois confrontos de resistência dos negros levados como escravos para o Brasil, o primeiro deles BUZIOS, ocorrido em 1798 e o segundo MALÊS, ocorrido em 1835, portanto dois anos depois de sua fundação.

A Sociedade Protetora dos Desvalidos (SPD), a qual Lígia é presidenta é uma Organização Civil de homens negros no Brasil, fundada em 16 de Setembro de 1832. Sua criação aconteceu depois de algumas reuniões preparatórias entre um grupo de dezoito homens negros, liderados pelo africano livre Manoel Victor Serra. A entidade possuía caráter religioso e tinha o objetivo de auxiliar a comunidade negra e promover a compra de cartas de alforria, ajudando africanos escravizados e seus parentes a adquirirem liberdade.

Mantém-se ativa até o tempo presente. No início, se chamou Irmandade de Nossa Senhora da Soledade Amparo dos Desvalidos. A partir de 1851, passou a se chamar Sociedade Protetora dos Desvalidos, assumindo características de uma sociedade mutualista, baseada na entreajuda. Quando associados ficavam doentes, desempregados ou familiares destes viessem a falecer, a entidade era acionada como um ponto de apoio. Além disso, tratava-se de um espaço de convivência entre trabalhadores negros livres, que vuscavam promoção individual e a oportunidade de um futuro melhor.

E-mail: spdesvalidos@yahoo.com.br | Telefone: +55 (71) 3322-6913

2

3

AGRADECIMENTOS ESPECIAIS

Quem tem a felicidade de vir a Angola e conviver com as Zungueiras e os Taxistas como eu, pode dizer que conhece a alma do povo angolano. Nas ruas, nas praças, nos mercados, eles são a base e dignos ícones de um povo lutador e vencedor.

Aproveito esta grande oportunidade para agradecer a todos eles, o carinho e os cuidados que tenho recebido nestes 10 anos de Angola.

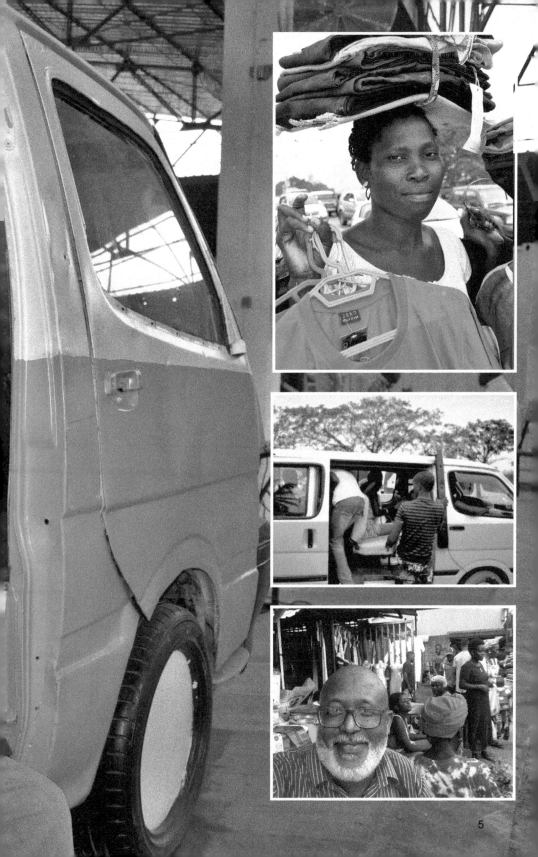

PREFÁCIO

A importância deste livro para a minha geração e para as vindouras é muito grande. Muito do que Celso Salles colocou neste livro ele nos fala no dia a dia. Na ANDA - Associação Nacional dos Deficientes de Angola, onde atua desde 2018 como nosso Consultor o batizamos de "o homem das ideias". Recentemente atualizamos para "o homem das ideias e das ações". É o tempo todo em movimento. Um grande exemplo para nós os mais jovens. A ANDA, como ele mesmo já disse, vai entrar nos próximos livros, pois com base no que já fez e vem a fazer, é praticamente um livro todo só para falar de ANDA.

Rufino Daniel Guilherme.

Coleção África

educasat

Editora

APRESENTAÇÃO

Segundo a fé cristã kimbanguista, adão e eva eram negros e o desrespeito as leis divinas trouxe todo este caos à raça negra. Se eram ou não negros, vou deixar esse assunto para o teólogo Bitombokele Lei Gomes Lunguani explicar com maior propriedade em seus livros. Neste, vou me ater a fatos registrados na história da humanidade, que contribuíram e muito, nas grandes dificuldades vividas pelo povo africano e descendentes. Vou procurar igualmente traçar linhas de ação, muitas das quais já dei início e continuam como sucesso que, ao meu ver, podem ajudar em uma nova presença dos africanos e afro-descendentes no contexto mundial. A verdade é que ainda se conhece muito pouco das diversas, inúmeras, porque não dizer milhares de culturas, que resistindo a tudo e a todos, continuam vivas no continente africano. Para muitos, por absoluta desinformação, os idiomas africanos já não existem mais. Ledo engano, existem e ainda são muito falados, principalmente nas áreas distantes dos grandes centros. Preservá-los a todo o custo é o que precisamos fazer, com ações em âmbitos gerais. Não se pode esperar moções que venham única e simplesmente dos diversos governos, dentro e fora de África. Todos nós, mesmo com nossas limitações, podemos fazer muito para a preservação ao máximo, de toda a cultura africana. Neste livro irei discorrer sobre o que já tenho feito e dos resultados alcançados a curto prazo, embora defenda sempre o médio e longo prazo. Divulgar a informação em fotos, vídeos e livros é fundamental para o grande êxito nessas ações. Na somatória, estaremos fazendo o caminho inverso do que foi feito na Conferência de Berlim, com a qual iniciaremos nossas análises em nosso próximo tópico.

CONFERÊNCIA DE BERLIM

A Conferência de Berlim, tendo ao centro o chanceler Bismarck (figura iluminada, com cabelo branco). Ilustração da revista alemã "Illustrierte Zeitung", novembro de 1884.

Entre 15 de novembro de 1884 e 26 de fevereiro de 1885, representantes de treze países europeus e dos Estados Unidos se reuniram em Berlim para organizar, na forma de regras, a ocupação da África e a exploração de seus recursos naturais. A Conferência de Berlim, também chamada de Conferência do Congo uma vez que a disputa por essa região motivo o encontro, selou o destino do continente africano, pondo fim a autonomia e a soberania das nações africanas. Ao mesmo tempo, a África tornou-se o novo palco do confronto e das velhas rivalidades europeias, o tabuleiro onde se decidiria o frágil equilíbrio das potências europeias.

A disputa pelo Congo Dez anos antes da conferência, Leopoldo II, rei da Bélgica entre 1865 a 1909, organizou às suas próprias custas estudos exploratórios sobre a imensa bacia do Congo (ou Zaire), no centro da África Equatorial. Em 1878, confiou ao explorador Henry Morton Stanley a missão secreta de organizar o que se tornaria conhecido, em agosto de 1885, como Estado Livre do Congo. A França descobriu os planos do rei belga e, também interessada no Congo, se apressou a erguer a bandeira francesa sobre a recém-fundada Brazzaville, na atual República do Congo (1881). Pouco depois, assumiu o controle da Guiné e da Tunísia. Portugal temendo por suas colônias – a foz do rio Congo era fronteira com Angola – tratou de fortalecer seu Império colonial na África, reivindicando seus direitos sobre Angola e Moçambique. Propunha, inclusive, ligar as duas colônias controlando todo território entre elas que chamou de "mapa cor-de-rosa" sob a justificativa de facilitar o comércio e o transporte de mercadorias.

Em fevereiro de 1884, o governo de Londres assinou um tratado com Lisboa reconhecendo a soberania de Portugal sobre a foz do Congo, uma medida para neutralizar uma possível expansão do domínio belga na região.

"Mapa cor-de-rosa", como foi chamado o território pretendido pelos portugueses que ligavam Angola e Moçambique.

A Inglaterra, por sua vez, percebendo a extensão geopolítica do controle dos portugueses e a penetração da França pela África Central em direção ao Nilo, interveio no Egito otomano (1884) para garantir seu controle no país – importante rota de acesso aos domínios britânicos na Índia. Os alemães, enfim, começaram a se interessar pela África subsaariana. Em 24 de fevereiro de 1884, o Reich colocou sob sua proteção os assentamentos alemães do sudoeste da África.

Foi diante desse cenário de corrida europeia por colônias africanas, que o chanceler alemão Bismarck convocou representantes de 13 nações da Europa e dos Estados Unidos para participarem da Conferência de Berlim com o objetivo de elaborar uma política conjunta no continente africano.

A Conferência de Berlim e seus resultados

A conferência foi aberta no sábado, 15 de novembro de 1884, na residência do chanceler Bismarck. Estavam presentes os representantes dos países diretamente envolvidos na disputa pelo Congo –
1) Bélgica,
2) França,
3) Portugal,
4) Inglaterra,
5) Alemanha,
6) Holanda,
7) Espanha,
8) Áustria-Hungria,

9) Suécia,

10) Dinamarca,

11) Itália,

12) Rússia,

13) Turquia Otomana

14) Estados Unidos.

Nenhum rei ou representante da África foi convidado sequer como observador.

Desde o início, os participantes, começando por Bismarck, estabeleceram objetivos nobres, como a erradicação da escravidão e do comércio muçulmano de escravos. Declarou-se a intenção de "associar os nativos africanos à Civilização, abrindo o interior do continente ao comércio, facultando aos seus habitantes os meios de se instruir, fomentando as missões e empreendimentos que visassem a propagar os conhecimentos úteis, preparando a supressão da escravatura" – na prática belos e generosos pretextos sobre os quais os "nativos" não haviam sido chamados a se pronunciar e que camuflavam fortes interesses econômicos e comerciais das potências europeias.

A atenção maior esteve focada na questão do Congo, pomposamente descrito por Bismarck como "o Danúbio da África". Ali se concentravam os tesouros cobiçados pelas potências europeias: ouro, pedras preciosas, carvão, cobre, borracha, petróleo etc. Depois de três meses e meio de negociações e apenas oito reuniões plenárias intercaladas com recepções, bailes, banquetes e outros entretenimentos, os participantes finalmente assinaram, em 26 de fevereiro de 1885, a Ata Geral da conferência.

Otto von Bismarck, chanceler alemão, liderou as negociações e mediações durante a Conferência de Berlim.

A Ata Geral era um resumo do que foi discutido e acertado na conferência e trazia as cláusulas que os participantes se comprometeram a cumprir. As principais disposições eram: Liberdade de comércio na bacia do Congo, suas embocaduras e regiões circunvizinhas. Liberdade de navegação nos rios Níger e Congo, os principais rios africanos. Proibição do tráfico de escravos e do comércio de álcool e de armas de fogo entre as populações nativas. Definição de regiões em que cada potência europeia tinha o direito exclusivo de exercer a propriedade legal da terra Confirmação como propriedade privada de Leopoldo II, rei da Bélgica, de um vasto território no coração da África subsaariana, que passou a ser chamado de "Estado Livre do Congo".

O rei belga foi o principal beneficiário da Conferência de Berlim tendo suas reivindicações atendidas. Ele mesmo cuidou de explorar sua colônia para extrair o máximo de recursos naturais, especialmente a borracha, à custa de trabalho forçado. Em seu testamento, ele deixou o Congo de herança para a Bélgica.

A partilha da África

Diferente do que comumente se afirma, a Conferência de Berlim não dividiu a África entre as potências europeias.

A partilha não constava na Ata Geral, tema que sequer estava na agenda da conferência. Porém, ela criou as condições para que isso acontecesse poucos anos depois. Os dispositivos da Ata foram as linhas mestras que orientaram a futura partilha do continente e a criação dos Estados africanos no seu atual formato. Além disso, o artigo 35 estipulava que "o Estado europeu ocupante de um território costeiro devia ser capaz de provar que exercia uma autoridade suficiente, para fazer respeitar os direitos adquiridos, a liberdade de comércio e de trânsito nas condições em que seriam estipulados".

Tal exigência consagrou a teoria da "ocupação efetiva", um ato que ditou a submissão e a colonização dos africanos. Em apenas quinze anos (de 1885 a 1898) os europeus formalizaram as fronteiras da maioria dos países africanos. A rápida ocupação e a dominação do continente, de 28 milhões de km2, foi facilitada, entre outras razões, pela pregação do evangelho, pela construção de ferrovias e pela exploração antecipada do interior do continente por geógrafos e outros aventureiros europeus.

O chanceler alemão Bismarck oferece, aos seus convidados, um bolo fatiado onde se lê "África". Apesar da Conferência de Berlim não ter dividido a África entre as potências europeias, ela criou as condições para que isso acontecesse poucos anos depois. "Todo mundo recebe a sua parte", charge francesa, L'Illustration, 1885.

A ocupação colonial europeia

A conferência de Berlim, encerrada em 26 de fevereiro de 1885, teve pouca repercussão na Europa, a opinião pública não se interessou pela conquista colonial. Mas foi crucial para as populações africanas.

A ocupação europeia no continente africano cresceu vertiginosamente. Se na época da conferência, cerca de 80% da África estava sob controle de populações nativas tradicionais tendo apenas as áreas costeiras colonizadas por europeus, em 1902, a situação era outra: o interior do continente passará para o domínio europeu o que significava que 90% das terras africanas foram apossadas pelas nações europeias.

O explorador Henry Morton Stanley, presente na conferência como representante dos Estados Unidos e conhecedor do continente africano que percorreu em três expedições, aguçava ainda mais a cobiça europeia: "Há 40 milhões de pessoas nuas do outro lado das cataratas e os industriais têxteis de Manchester estão à espera para vesti-los". Os domínios europeus na África não respeitam as fronteiras culturais, étnicas e linguísticas tradicionalmente estabelecidas pelas populações africanas.

Em menos de vinte anos, a África estava retalhada em 50 países artificiais que se sobrepunham às mil culturas nativas do continente. No início do século XX, as potências europeias dispunham dos seguintes territórios na África:

Grã-Bretanha: suas colônias atravessavam todo o continente, do norte com o Egito e Sudão até o sul, com a União Sul-Africana (atual África do Sul).

França ocupou vastos territórios no norte e na África Ocidental, além de Madagascar e outras ilhas no Oceano Índico.

O chanceler Bismarck esperava que, com isso, a França se resignasse à perda da Alsácia-Lorena, o que não aconteceu.

Portugal: manteve suas colônias de Cabo Verde, São Tomé e Príncipe, Guiné, Angola e Moçambique.

Espanha: continuou com suas colônias no norte da África e na costa ocidental africana;

Alemanha: conseguiu território na costa Atlântica, atuais Camarões e Namíbia, e na costa Índica, atuais Quênia, Tanzânia, Burundi e Ruanda.

Itália: ocupou a Somália e a Eritreia. Tentou se estabelecer na Etiópia, mas foi derrotada.

Bélgica: ocupou o centro do continente, na área correspondente ao Congo e Ruanda.

Fonte: https://ensinarhistoria.com.br/a-conferencia-de-berlim-e-o-destino-da-africa/ - Blog: Ensinar História - Joelza Ester Domingues

É impressionante como alguns países europeus fazem de tudo para esconderem o seu passado nebuloso no que tange a instauração do Colonialismo em África. Essa Conferência de Berlim mesmo foi uma VERGONHA PARA A HUMANIDADE e responsável pelas desgraças ocorridas no continente africano com desdobramentos terríveis. Recomendo que não fique restrito às folhas desde livro. Pesquise. Vá a fundo e ajude na REPARAÇÃO E TRANSFORMAÇÃO que o continente africano precisa. Conto com você.

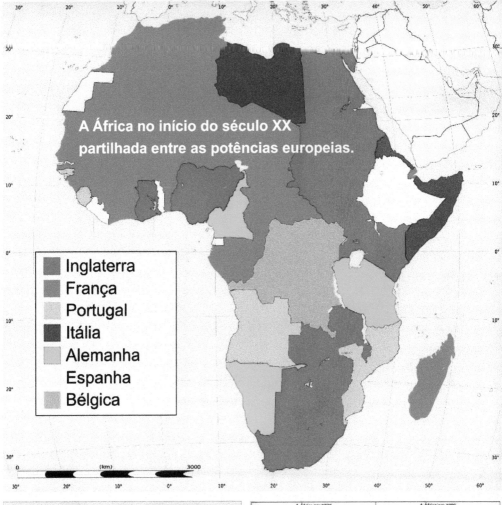

A África no início do século XX partilhada entre as potências europeias.

Inglaterra
França
Portugal
Itália
Alemanha
Espanha
Bélgica

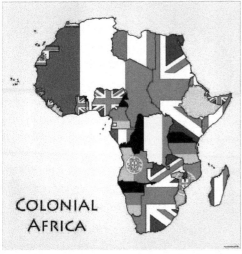

COLONIAL AFRICA

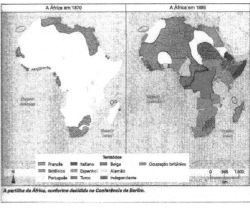

A partilha da África, conforme decidida na Conferência de Berlim.

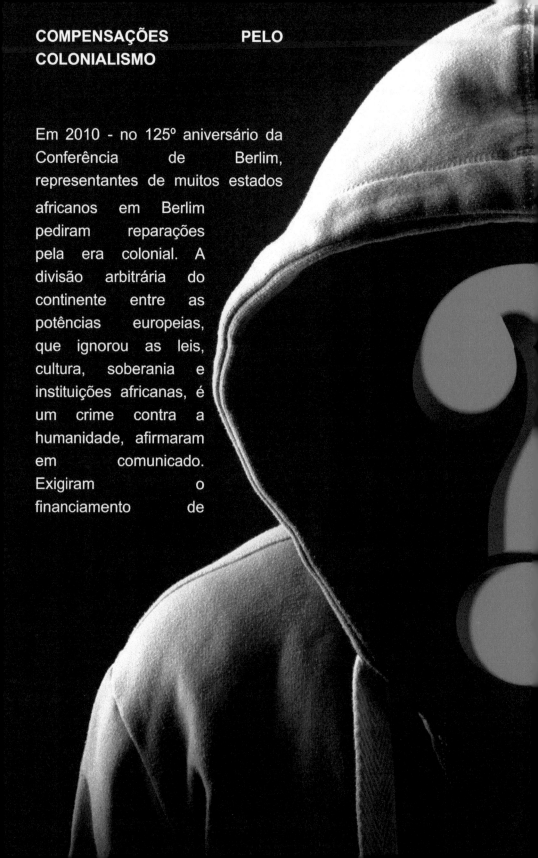

COMPENSAÇÕES PELO COLONIALISMO

Em 2010 - no 125º aniversário da Conferência de Berlim, representantes de muitos estados africanos em Berlim pediram reparações pela era colonial. A divisão arbitrária do continente entre as potências europeias, que ignorou as leis, cultura, soberania e instituições africanas, é um crime contra a humanidade, afirmaram em comunicado. Exigiram o financiamento de

monumentos em locais históricos, a devolução de terras e outros recursos roubados, a restituição de tesouros culturais e o reconhecimento de que o colonialismo e os crimes cometidos ao abrigo dele eram crimes contra a humanidade.

Mas nada aconteceu de tudo isso. Os historiadores da Nigéria e da Alemanha não se surpreendem. "Fala-se muito em reparações pelo tráfico de escravos e pelo Holocausto. Mas pouca menção é feita aos crimes cometidos pelas potências coloniais europeias durante os cem anos ou mais que passaram na África", disse Pesek.

Olyaemi Akinwumi não acredita que jamais haverá qualquer tipo de reparação, de qualquer tipo.

Autoria Hilke Fischer / Madalena Sampaio

dw.com

Os desdobramentos da Conferência de Berlim foram muitos e cruéis. Neste genocídio cometido pela Alemanha em 1904, 60 mil Hereros, fugiram para o deserto, onde as tropas alemãs bloquearam sistematicamente o acesso à agua. Estima-se que morreram mais de 60 mil Hereros.

Sobreviventes do povo herero do genocídio cometido
pelo Império Alemão

Alemanha reconhece ter cometido genocídio na Namíbia

Berlim reconhece que o massacre dos povos herero e nama pelo Império Alemão, durante a era colonial, foi um genocídio e concorda com o pagamento de indenização ao governo do país africano.

Mais de um século após as atrocidades cometidas na então colônia Sudoeste Africano Alemão, a Alemanha reconheceu nesta sexta-feira (28/05) que os crimes cometidos pelas autoridades coloniais alemãs contra os povos herero e nama são um genocídio.

O presidente da Alemanha, Frank-Walter Steinmeier, pedirá perdão pelo genocídio, ocorrido entre 1904 e 1908, numa cerimônia no Parlamento da Namíbia, país africano que sucedeu a antiga colônia Sudoeste Africano Alemão.

O ministro alemão do Exterior, Heiko Maas, mostrou-se satisfeito e agradecido pelo acordo alcançado entre Alemanha e Namíbia depois de mais de cinco anos de negociações.

"À luz da responsabilidade histórica e moral da Alemanha, iremos pedir perdão à Namíbia e aos descendentes das vítimas", declarou. "Como gesto de reconhecimento da dor incomensurável que foi infligida às vítimas, queremos apoiar a Namíbia e os descendentes das vítimas com um programa substancial da ordem de 1,1 bilhão de euros para reconstrução e desenvolvimento."

"Vamos chamar os acontecimentos ocorridos na época colonial alemã na atual Namíbia e em especial as atrocidades ocorridas entre o período de 1904 e 1908 sem eufemismos e atenuantes. Vamos chamar esses acontecimentos, agora também oficialmente, como aquilo que eles foram da atual perspectiva: um genocídio", declarou Maas.

A presidência da Namíbia afirmou que o acordo foi "um primeiro passo" no caminho correto. A indenização, a ser paga ao longo de 30 anos, deverá ir para programas de infraestrutura, saúde e educação, segundo o governo do país africano.

A oposição da Namíbia criticou o acordo e afirmou que os descendentes dos povos herero e nama não foram suficientemente contemplados. "Se a Namíbia recebe dinheiro da Alemanha, ele deveria ir para os líderes tradicionais das comunidades atingidas e não para o governo", afirmou uma parlamentar da oposição.

Mais grave crime da história colonial alemã

A atual Namíbia foi uma colônia alemã entre 1884 e 1915. Os historiadores estimam que, entre 1904 e 1908, as tropas do imperador alemão Guilherme 2º massacraram aproximadamente 65 mil herero (de um total de cerca de 80 mil) e 10 mil nama (de cerca de 20 mil), depois que ambos os grupos se rebelaram contra o domínio colonial.

O massacre dos herero e nama é o mais grave crime na história colonial da Alemanha. O comandante, general Lothar von Trotha, ordenou o extermínio. Há anos, a ONU reconhece o massacre como o primeiro genocídio do século 20.

O plano sistemático de extermínio de homens, mulheres e crianças incluiu a morte por armas, o bloqueio do acesso à água no deserto e campos de concentração.

Em 2018, a Alemanha devolveu à Namíbia ossadas de vítimas do massacre dos povos herero e nama que estavam guardadas há décadas nos arquivos da Clínica Universitária Charité, em Berlim, entre outros lugares.

Além da Namíbia, Tanzânia e Burundi também exigem reparações por crimes cometidos durante o período colonial alemão.

A Alemanha se tornou potência colonial relativamente tarde, só ocupando solo africano na década de 1880. Sob o chanceler Otto von Bismarck, o Império Alemão estabeleceu colônias nos atuais territórios da Namíbia, Camarões, Togo, partes da Tanzânia e do Quênia.

O imperador Guilherme 2°, coroado em 1888, procurou expandir ainda mais as possessões coloniais através da criação de novas frotas de navios. Tais territórios foram perdidos em seguida, já durante a Primeira Guerra Mundial.

O comandante, general Lothar von Trotha, ordenou o extermínio

"Nosso futuro está na água"

Sob o chanceler Otto von Bismarck, o Império Alemão estabeleceu colônias nos atuais territórios da Namíbia, Camarões, Togo, partes da Tanzânia e do Quênia. O imperador Guilherme 2°, coroado em 1888, procurou expandir ainda mais as possessões coloniais através da criação de novas frotas de navios. O império queria seu "lugar ao Sol", declarou Bernhard von Bülow, um chanceler posterior, em 1897.

O genocídio praticado contra os hereros e os namas no Sudeste

27

Africano Alemão, hoje Namíbia, foi o crime mais grave da história colonial da Alemanha. Durante a Batalha de Waterberg, em 1904, a maioria dos rebeldes hereros fugiu para o deserto, com as tropas alemãs bloqueando sistematicamente seu acesso à água. Estima-se que mais de 60 mil hereros morreram na ocasião.

Somente 16 mil hereros sobreviveram à campanha de extermínio. Eles foram aprisionados em campos de concentração, onde muitos morreram. O número exato de vítimas nunca foi constatado e continua a ser um ponto de controvérsia. Quanto tempo esses hereros debilitados sobreviveram no deserto? De qualquer forma, eles perderam todos os seus bens, seu estilo de vida e suas perspectivas futuras.

Guerra colonial de longo alcance

De 1905 a 1907, uma ampla aliança de grupos étnicos se rebelou contra o domínio colonialista na África Oriental Alemã. Por volta de 100 mil locais morreram na revolta de Maji-Maji. Embora tenha sido, posteriormente, um tema pouco discutido na Alemanha, este capítulo permanece importante na história da Tanzânia.

Reformas em 1907

Na sequência das guerras coloniais, a administração nos territórios alemães foi reestruturada com o objetivo de melhorar as condições de vida ali. Bernhard Dernburg, um empresário bem-sucedido (na foto sendo carregado na África Oriental Alemã), foi nomeado secretário de Estado para Assuntos Coloniais em 1907 e introduziu reformas nas políticas do Império Alemão para seus protetorados.

Os planos de Hitler para África

A 1 de Setembro de 1939, a Alemanha invadiu a Polónia e começou a II Guerra Mundial. Adolf Hitler queria conquistar a Europa, mas há muito tempo que a Alemanha planeava criar um império colonial em África.

Quando Adolf Hitler chegou ao poder em 1933, a Alemanha já não tinha colónias. Depois de derrotar a Alemanha na I Guerra Mundial, o Reino Unido, a França e a Bélgica dividiram entre si as colónias alemãs. A África do Sul passou a governar a Namíbia, que então se chamava Sudoeste Africano Alemão.

Perder as colónias foi um osso duro de roer para muitos

contemporâneos de Adolf Hitler. Mas o ditador alemão só pensava em conquistar a Europa. Hitler queria expandir o "império alemão" para França e para a União Soviética.

Andreas Eckert, historiador alemão, afirma que "África não fazia necessariamente parte da visão de Hitler de dominar o mundo". Segundo Eckert, Hitler "olhava muito mais para outras regiões", mas "não foi contra os interesses dos que o rodeavam relativamente a África."

A megalomania nazi no continente africano

Um ano depois de Hitler chegar ao poder, os nazis estabelecem o seu próprio departamento de política colonial – o Kolonialpolitisches Amt. Mais tarde, Hitler pediu publicamente a restituição das colónias alemãs, sob pressão de grandes actores económicos na época, interessados nos lucros que podiam fazer em África – um novo mercado, com muitas matérias-primas à disposição.

Ao sonho dos empresários alemães juntava-se o desejo de muitos alemães que ficaram em África de voltar aos tempos coloniais, nos Camarões, na Tanzânia ou na Namíbia.

Andreas Eckert explica que "em todas estas regiões havia delegações locais do partido nazi" e, nas antigas colónias, "havia um pequeno grupo de pessoas decidido a colocar estes territórios novamente sob domínio alemão." No final dos anos 30, os planos para um novo território colonial já eram mais concretos. "Nos primeiros anos de guerra houve várias conquistas militares, que reforçaram a megalomania nazi", afirma Eckert.

Império colonial nunca concretizado
Uma série de vitórias contra a França e contra a Bélgica deram à

Alemanha a sensação de estar muito perto de conseguir voltar a ter colónias em África. O departamento de política colonial nazi ambicionava um "império colonial" no Golfo da Guiné, que se estenderia desde o que hoje é o Gana até aos Camarões – um território com matérias-primas em abundância, que poderia cobrir as necessidades do Grande Reich Alemão.

Os nazis pensaram também em conquistar vários territórios ao longo de uma faixa que se estendia até ao Oceano Índico. Com excepção da África do Sul – vista na altura como um possível parceiro.

Mas estes planos ficaram no papel. No início de 1943, a Alemanha teve de concentrar as suas forças para responder à ofensiva da União Soviética. Em Fevereiro de 1943, o departamento de política colonial foi extinto. Foi nessa altura que os russos venceram a batalha de Stalingrado, um ponto de viragem que preparou o caminho para a derrota alemã e para o fim da II Guerra Mundial, dois anos mais tarde.

Fonte:

Philipp Sandner, Guilherme Correia da Silva

dw.com

Se já não está nada bom em África, sem o Hitler ter conseguido vencer a II grande guerra mundial, imagina como estaria se ele estivesse vencido. O que vale uma grande reflexão é que sempre novos pensadores como Hitler existem e, quem acompanha os acontecimentos a nível mundial consegue vê-los em grande quantidade. O que os governantes de África precisam fazer, sem poupar o mínimo de recursos possível é investir na EDUCAÇÃO de suas crianças e jovens, pois os desafios existirão sempre e essa nova geração de africanos precisa estar muito preparada para VIRAR ESSE JOGO IMUNDO que tanto tem vitimado o continente berço da humanidade.

Cronologia 1415-1961:
Da conquista de Ceuta ao início da luta armada contra a colonização

1415: Expansão marítima portuguesa

A conquista da cidade de Ceuta, hoje um enclave espanhol no norte de África, por tropas portuguesas, a 22 de agosto de 1415, marca o início da expansão marítima portuguesa. A ocupação deste importante centro comercial e de comunicações abriria, assim, caminho para o processo de consolidação das colónias portuguesas na costa africana.

1434: Reconhecimento da costa africana

O navegador Gil Eanes ultrapassa o Cabo Bojador, na costa do atual Saara Ocidental, que até então era o ponto mais meridional conhecido na costa de África. O arranque das expedições de reconhecimento pela costa africana teve a proteção do Infante D. Henrique. Em 1487, Bartolomeu Dias supera o Cabo das Tormentas, que mais tarde passaria a chamar-se Cabo da Boa Esperança (África do Sul).

1446: Portugueses chegam à costa da Guiné

Os portugueses chegaram à costa da Guiné, atual Guiné-Bissau, em 1446. Em 1479 é fundada uma feitoria em Cacheu (foto). Portugal estabeleceu uma série de enclaves e feitorias na costa africana para tentar manter o controle de uma extensa rota marítima. A presença portuguesa em África também foi motivada pela captura de escravos e pela procura de metais preciosos.

1460: Descoberta de Cabo Verde

Diogo Gomes e António de Nola descobrem o desabitado arquipélago de Cabo Verde em 1460, quando voltavam da Guiné. Dois anos mais tarde, os primeiros colonos portugueses fixaram-se na Ilha de Santiago. Futuramente o arquipélago serviria, sobretudo, como centro de armazenamento de escravos que eram enviados de África para as plantações no continente americano.

1471-1472: Chegada a São Tomé

Os navegadores João de Santarém e Pedro Escobar descobrem as ilhas de São Tomé e Príncipe, até então desabitadas. A colónia viria a tornar-se num dos primeiros produtores de cacau do mundo. Estas ilhas no Golfo da Guiné passariam também a ser um importante entreposto comercial de escravos.

1479: Assinatura do Tratado de Alcáçovas

O Tratado de Alcáçovas, que pôs fim à guerra da Sucessão em Castela (Espanha), atribui a Portugal o senhorio da Guiné, Cabo Verde (foto), Açores e Madeira, além da conquista de Fez (Marrocos). A Espanha é concedida ao senhorio das Canárias e a conquista do reino de Granada. A divisão entre a expansão portuguesa e a castelhana passa a ser o paralelo das Canárias.

1482: Descoberta de Angola

Caravelas portuguesas comandadas pelo navegador Diogo Cão chegam ao estuário do rio Congo em 1482. Seis anos mais tarde, atingiram o então reino de Ngola. O sistema económico colonial em Angola assentaria, sobretudo, no lucrativo comércio de escravos. A maior parte da mão de obra escrava seguia para o Brasil, para a Madeira e para São Tomé. Além dos propósitos de evangelização, durante os vários séculos de colonização Portugal tentou tirar partido comercial do território angolano, extremamente rica em recursos naturais (petróleo, diamantes, ouro, chumbo, volfrâmio, ferro, cobre, etc.).

1498: Vasco da Gama em Moçambique

A armada do navegador português Vasco da Gama aportou em Moçambique em 1498, a caminho da Índia. Partindo de Sofala e da Ilha de Moçambique, os exploradores portugueses começam a estabelecer os primeiros entrepostos comerciais e a conceder terras aos colonos. Em 1537 é estabelecida a feitoria de Tete e, em 1544, a feitoria de Quelimane, local de concentração de escravos. Ouro, prata, pérolas, marfim, especiarias e peles são alguns dos recursos que os portugueses passam a controlar. Em 1898, Lourenço Marques (atual Maputo) passa a ser a capital, em substituição da Ilha de Moçambique, servindo, assim, para escoar os produtos da vizinha África do Sul.

1500: Pedro Álvares Cabral chega ao Brasil

Uma frota comandada pelo navegador português Pedro Álvares Cabral chega ao território onde atualmente se situa o Brasil. Na carta que envia depois ao rei D. Manuel, Pero Vaz de Caminha faz uma descrição detalhada do local, ao qual chamam "Terra de Vera Cruz". O Brasil seria a maior e a mais rica das colônias portuguesas e a primeira a tornar-se independente, em 1822. Ainda em 1500, a armada de Pedro Álvares Cabral prossegue a viagem para a Índia, contribuindo, assim, para o estabelecimento das bases do "Império Português". Dois anos depois, Vasco da Gama realiza a segunda viagem à Índia. Conquista então Calecut e estabelece uma feitoria em Cochim.

1884: "Mapa Cor-de-Rosa" apresentado em Berlim

O projeto português para unir Angola a Moçambique, denominado "Mapa Cor-de-Rosa", foi apresentado na histórica Conferência de Berlim. O objetivo de Portugal era controlar uma vasta faixa geográfica que se estendia do Oceano Atlântico ao Índico. A Inglaterra, que pretendia unir o Cairo ao Cabo da Boa Esperança, por linha férrea, discorda do plano. A conferência dividiu África entre os países europeus e estabeleceu a presença local como requisito para a manutenção do domínio. A Grã-Bretanha e a França ficaram com o maior número de territórios. Depois do encontro, tem início a ocupação efetiva das colónias portuguesas Angola (1885) e Moçambique (1887). Ainda em 1884, Hermenegildo Capelo e Roberto Ivens atravessam África, de Luanda a Tete.

1933: Formação do "Estado Novo"

Sob a liderança do general Costa Gomes, desenvolve-se em Braga o golpe de estado fundador da ditadura militar em Portugal. É a partir deste regime autoritário que se estrutura o chamado "Estado Novo", liderado por António de Oliveira Salazar (foto), que vigora em Portugal até à revolução de 25 de abril de 1974. Assente nos pilares "Deus, Pátria e Família", a doutrina do regime ditatorial, inspirada no fascismo italiano de Benito Mussolini, é baseada no nacionalismo e no culto da nação. Em outubro é promulgado o "Estatuto Político, Civil e Criminal dos Indígenas de Angola e Moçambique", que redefine o estatuto dos habitantes das principais colônias. "A essência orgânica da nação portuguesa é desempenhar a função histórica de possuir e colonizar domínios ultramarinos e de civilizar as populações indígenas" lê-se no Acto Colonial, uma espécie de "Constituição para os territórios de além-mar", nas palavras do historiador português Oliveira Marques.

1934: Tentativa de derrube do Estado Novo

Em janeiro, um grupo formado por civis protagonizou a primeira tentativa revolucionária de derrube do regime. Na sequência do golpe falhado, o regime prendeu e deportou muitos ativistas sindicais e políticos comunistas e anarquistas. Entretanto, o Estado Novo continua a afirmar a sua orientação "imperial" e a sua "missão colonizadora", bem visíveis na I Exposição Colonial Portuguesa inaugurada em junho, no Porto.

1935: Carmona "reeleito" Presidente

Óscar Carmona, o candidato único do regime, foi reeleito Presidente da República em fevereiro. A 1 de maio, ocorrem pela primeira vez em Portugal os festejos oficiais do Dia do Trabalho. Em setembro, uma nova tentativa de derrubada do regime termina com prisões e deportações. Muitos dirigentes do Partido Comunista Português (PCP), entre os quais o secretário-geral Bento António Gonçalves, foram presos pela PIDE no final do ano. Fundado em Lisboa em 1921, o PCP seria considerado ilegal a partir de 1926. O PCP, que teve um papel fundamental na oposição ao regime, foi constantemente perseguido pela PIDE, a polícia política de Salazar. Muitos dos seus membros seriam enviados para o campo de concentração do Tarrafal, em Cabo Verde.

1936: Lei do Condicionamento Industrial

A Lei do Condicionamento Industrial serviu para proteger a indústria portuguesa contra a competição. No entanto, simultaneamente contribuiu para a estagnação tecnológica e para a criação de monopólios. A principal função das colónias africanas era comprar produtos manufaturados em Portugal, como máquinas e conservas, e fornecer matérias-primas, como minérios ou algodão, à metrópole.

1943: Casa dos Estudantes do Império

Por iniciativa do Governo de Salazar, é fundada em Lisboa a Casa dos Estudantes do Império (CEI). Esta associação de jovens dos territórios ultramarinos a estudar na metrópole viria a ter um papel fundamental para as lutas de independência. O regime de Salazar pretendia fortalecer a mentalidade imperial entre os estudantes das colônias. No entanto, a CEI despertou neles uma consciência crítica sobre a ditadura e o sistema colonial, assim como a vontade de valorizar as culturas dos povos colonizados. Pela CEI passaram vários líderes africanos como Amílcar Cabral, fundador do PAIGC, Agostinho Neto, o primeiro Presidente de Angola e Marcelino dos Santos, um dos fundadores da FRELIMO. Acusada de servir de base para a realização de atividades de propaganda política contra o Estado português, seria encerrada pela PIDE em 1965.

1946: Províncias Ultramarinas

Em 1946, Portugal altera a designação de "colónia" para "província ultramarina". O "Estado Novo" português criou a divisão administrativa para evitar que internacionalmente Portugal fosse considerado uma potência colonial. A primeira colónia portuguesa a adotar o novo estatuto foi a Índia Portuguesa (foto). Angola, Guiné, Moçambique, São Tomé e Príncipe, Cabo Verde, Macau e Timor passaram a ter esta designação em 1951. Com a reforma da

Constituição em 1951, também a condição de indígena é definida como transitória.

1953: Massacre de Batepá

Os portugueses queriam obrigar os negros indígenas de São Tomé e Príncipe a trabalhar nas roças, na produção de cacau e outros produtos para exportação, uma vez que a mão-de-obra trazida de Angola, Moçambique e Cabo Verde não era suficiente. Depois da recusa destes, o Exército português iniciou uma caça aos indígenas que resultou na morte de centenas de pessoas. Os acontecimentos ficaram conhecidos como Massacre de Batepá.

1954: Movimentos de libertação

Nos anos 50 começam a surgir os embriões de importantes organizações políticas. Em 1954 é criada a União das Populações do Norte de Angola (UPNA), que em 1958 passa a designar-se União das Populações de Angola (UPA). Em 1962, a UPA e o Partido Democrático de Angola (PDA) constituem a Frente Nacional de Libertação de Angola (FNLA). O Movimento Popular para a Libertação de Angola (MPLA) foi fundado em 1956, ano em que Amílcar Cabral criou o Partido Africano para a Independência da Guiné e Cabo Verde (PAIGC, na foto). Em 1960 surge o Comité de Libertação de São Tomé e Príncipe (CLSTP) e em 1962 é criada a Frente de Libertação de Moçambique (FRELIMO), que resulta da fusão de três movimentos: União Democrática Nacional de Moçambique (UDENAMO), União Nacional Africana de Moçambique Independente (UNAMI) e Mozambique African National Union (MANU). A União Nacional para a Independência Total de Angola (UNITA) surgiu em 1966.

1957: Independência do Gana: rastilho da descolonização

A descolonização africana teve início em 1957 com a independência do Gana, antiga Costa do Ouro, que impulsionou os restantes países do continente a lutar pela independência. Kwame Nkrumah (foto), antigo primeiro-ministro e Presidente do Gana, foi um grande defensor da descolonização e um dos fundadores do Pan-africanismo. O principal período da descolonização africana ocorreu entre 1960 e 1970. A Organização das Nações Unidas (ONU) apoia os países colonizados na sua luta contra as potências colonialistas europeias. Até 1968, surgem em África 34 novos Estados independentes. Além das colônias portuguesas, subsistem apenas a Rodésia, o Sudoeste Africano e o Sahara Espanhol.

1958: Humberto Delgado concorre às presidenciais

Com o apoio da oposição democrática, o general Humberto Delgado concorre como independente às eleições presidenciais de 8 de junho de 1958. O Presidente eleito acabaria por ser o almirante Américo Thomaz, o candidato do regime, mas o "general sem medo" deixa um legado que marcaria o caminho de Portugal rumo à liberdade. Nesse ano também surge, na clandestinidade, a Junta de Libertação Nacional, movimento político de oposição ao regime. No ano seguinte, a eleição dos presidentes passa a ser indireta e da responsabilidade da Assembleia Nacional.

1959: Massacre de Pidjiguiti

A 3 de agosto de 1959, estivadores fizeram greve no cais de Pidjiguiti, em Bissau, para reivindicar melhores salários. O protesto foi reprimido pela polícia e resultou na morte de cerca de 50 pessoas. Após o massacre, o PAIGC (foto), que terá estado por detrás da organização da greve, altera a sua estratégia para fugir à repressão do regime português e a consciência nacionalista do partido é reforçada.

1960: Nasce o Comité de Libertação de São Tomé e Príncipe

O Comité de Libertação de São Tomé e Príncipe (CLSTP) foi criado em Accra, Gana, em 1960. O Governo ganês de Kwame Nkrumah apoia o CLSTP, que mais tarde se instalou na República Popular do Congo (Brazzaville), na Guiné Equatorial e no Gabão. Nunca conseguiu iniciar a luta armada em São Tomé e Príncipe. O primeiro secretário-geral foi Tomás Medeiros e o segundo Manuel Pinto da Costa (foto), futuro primeiro Presidente de São Tomé e Príncipe. A partir de 1972 passa a chamar-se Movimento de Libertação de São Tomé e Príncipe (MLSTP).

16 de junho de 1960: Massacre de Mueda

A 16 de junho de 1960, a vila moçambicana de Mueda, na província de Cabo Delgado, foi palco de uma manifestação de milhares de camponeses que exigiam melhores salários e que terminou com a morte de um número indeterminado de manifestantes. O Massacre de Mueda é considerado um dos últimos episódios de resistência contra o colonialismo português antes do início da guerra em Moçambique, em 1964. Segundo o historiador João Paulo Borges Coelho, constitui "um marco no discurso das forças nacionalistas, uma espécie de ponto de não-retorno a partir do qual se compreendeu que não havia via negociada para a independência." É também a partir de 1960, com as independências que começam a ocorrer em África, que aumenta a contestação à política colonial portuguesa.

20 de janeiro 1960: Kennedy assume presidência dos EUA

John F. Kennedy toma posse como 35º Presidente dos Estados

Unidos da América (EUA) em 20 de janeiro de 1961. A política dos EUA em relação às colônias portuguesas mudou. Em 1961, o Congresso norte-americano decretou um embargo militar contra Portugal, seu aliado na NATO, a Aliança Atlântica.

22 de janeiro 1961: Desvio do paquete "Santa Maria"

O ano de 1961 é fatídico para o regime de Salazar. Logo a 22 de janeiro, o capitão Henrique Galvão (à dir. na foto) lidera um comando de 23 revolucionários que assalta o navio português "Santa Maria", no mar das Caraíbas. Os idealizadores da "Operação Dulcineia", levada a cabo em colaboração com o general Humberto Delgado (à esq. na foto), não chegaram a assumir o poder em Angola como tinham previsto, mas conseguiram chamar a atenção da comunidade internacional para a situação política de Portugal. No mesmo mês, Adriano Moreira, ministro do Ultramar (1961-62) acabou com o Estatuto dos Indígenas. Pelo menos no papel, todos são iguais perante a lei. O Código do Trabalho Rural pretende acabar com o trabalho obrigatório. Em Angola assiste-se à sublevação do Vale do Massanga contra a Cottonang, companhia belga de produção de algodão, por falta de pagamento dos salários aos trabalhadores. O Exército e a Força Aérea reprimem a revolta, causando um massacre.

BIBLIOGRAFIA:

Cervelló, Josep Sánchez, A Revolução Portuguesa e a sua Influência na Transição Espanhola (1961-1976), Lisboa, Assírio & Alvim, 1993.

Marques, A. H. Oliveira, Breve História de Portugal, Lisboa, Editorial Presença, 2006.

Rodrigues, António Simões (coordenador), História de Portugal em Datas, Lisboa, Temas e Debates, 2000 (3ª edição).

Cronologia 1961-1969:
Início da Guerra Colonial e viragem no destino das colónias

Cronologia 1970-1974:
Da intensificação da luta armada à Revolução dos Cravos

Cronologia 1974-2002: Das independências ao fim da guerra em Moçambique e Angola

43

São 04 Documentários onde você pode ver os dois lados dos Conflitos de Libertação das Colônias Ultramar Portuguesas.

A GUERRA COLONIAL DO ULTRAMAR DE LIBERTAÇÃO

4 vídeos • 4 visualizações • Última atualização em 11 de mai. de 2021

Pública ⌄

Sem descrição

EDUCASAT

ORDENAR

A GUERRA COLONIAL DO ULTRAMAR DE LIBERTAÇÃO PARTE 1
EDUCASAT
53:43

A GUERRA COLONIAL DO ULTRAMAR DE LIBERTAÇÃO PARTE 2
EDUCASAT
58:29

A GUERRA COLONIAL DO ULTRAMAR DE LIBERTAÇÃO PARTE 3
EDUCASAT
57:38

A GUERRA COLONIAL DO ULTRAMAR DE LIBERTAÇÃO PARTE 4
EDUCASAT
57:38

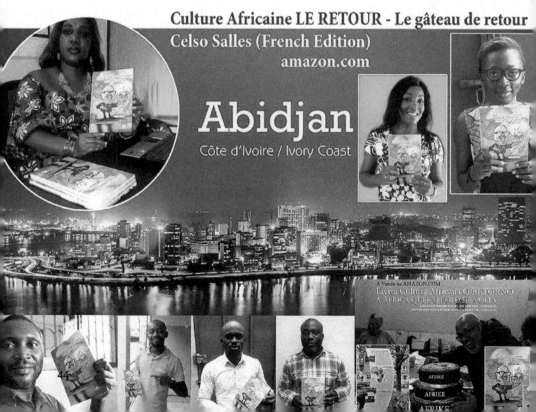

Culture Africaine LE RETOUR - Le gâteau de retour
Celso Salles (French Edition)
amazon.com

Abidjan
Côte d'Ivoire / Ivory Coast

44

CRONOLOGIA
DAS INDEPENDÊNCIAS
EM ÁFRICA

Celso Salles

Bandeira	Colônia ⬍	Data	Ano ⬍	Século ⬍	Metrópole ⬍
	Libéria	26 de Julho	1847	XIX	Estados Unidos
	África do Sul	31 de Maio	1910	XX	Reino Unido
	Egito	28 de Fevereiro	1922	XX	Reino Unido
	Etiópia	05 de Maio	1941	XX	Itália
	Líbia	24 de Dezembro	1951	XX	Itália
	Sudão	1 de Janeiro	1956	XX	Reino Unido – Egito
	Marrocos	2 de Março	1956	XX	França
	Tunísia	20 de Março	1956	XX	França
	Gana	6 de Março	1957	XX	Reino Unido
	Guiné	2 de Outubro	1958	XX	França
	Camarões	1 de Janeiro	1960	XX	França
	Togo	27 de Abril	1960	XX	França
	Senegal	20 de Junho	1960	XX	França
	Madagascar	26 de Junho	1960	XX	França
	Somalilândia Britânica	26 de Junho	1960	XX	Reino Unido
	República Democrática do Congo	30 de Junho	1960	XX	Bélgica
	Somália Italiana	1 de Julho	1960	XX	Itália
	Benim	1 de Agosto	1960	XX	França
	Níger	3 de Agosto	1960	XX	França
	Burkina Faso	5 de Agosto	1960	XX	França
	Costa do Marfim	7 de Agosto	1960	XX	França
	Chade	11 de Agosto	1960	XX	França
	Congo	15 de Agosto	1960	XX	França
	Gabão	17 de Agosto	1960	XX	França
	Mali	22 de Setembro	1960	XX	França
	Nigéria	1 de Outubro	1960	XX	Reino Unido
	Mauritânia	28 de Novembro	1960	XX	França
	Serra Leoa	27 de Abril	1961	XX	Reino Unido
	Tanganica	9 de Dezembro	1961	XX	Reino Unido

Bandeira	Colônia	Data	Ano	Século	Metrópole
	Burundi	1 de Julho	1962	XX	Bélgica
	Ruanda	1 de Julho	1962	XX	Bélgica
	Argélia	5 de julho	1962	XX	França
	Uganda	9 de Outubro	1962	XX	Reino Unido
	Zanzibar	19 de Dezembro	1963	XX	Reino Unido
	Malauí	6 de Julho	1964	XX	Reino Unido
	Zâmbia	24 de outubro	1964	XX	Reino Unido
	Gâmbia	18 de Fevereiro	1965	XX	Reino Unido
	Rodésia	11 de Novembro	1965	XX	Reino Unido
	Botsuana	30 de Setembro	1966	XX	Reino Unido
	Lesotho	4 de Outubro	1966	XX	Reino Unido
	Maurícia	12 de Março	1968	XX	Reino Unido
	Essuatíni	6 de Setembro	1968	XX	Reino Unido
	Guiné Equatorial	12 de Outubro	1968	XX	Espanha
	Guiné-Bissau	10 de Setembro	1974	XX	Portugal
	Comores	6 de Julho	1975	XX	França
	Moçambique	25 de Junho	1975	XX	Portugal
	Cabo Verde	5 de Julho	1975	XX	Portugal
	São Tomé e Príncipe	12 de Julho	1975	XX	Portugal
	Angola	11 de Novembro	1975	XX	Portugal
	Seychelles	29 de Junho	1976	XX	Reino Unido
	Djibouti	27 de Junho	1977	XX	França
	Namíbia	21 de Março	1990	XX	África do Sul
	Eritreia	24 de Maio	1993	XX	Etiópia
	Sudão do Sul	09 de Julho	2011	XXI	Sudão

O INÍCIO DA REPARAÇÃO

Você que chegou até esta página deve estar se perguntando...

Começar a reparação por onde?

E efetivamente, o que fazer?

O que restou diante de tanta destruição humana no continente africano?

E na atualidade tudo mudou?

Não existe mais nenhum interesse do resto do mundo nas riquezas africanas?

Esta reparação vai poder ser feita dentro do que chamamos em física de resistência zero?

Muito bem, vamos ao trabalho e na medida de minha pequenez vou colocar sem medo de ser feliz minhas ideias e ações.

Lista de países da

África

por população

Estimativa 2015

-
África
1,216,345,029
1
Nigéria
190,886,311
2
Etiópia
104,957439
3
Egito
97,553,151
4
Congo-Kinshasa
81,339,998
5
Tanzânia
57,310,019
6,
África do Sul
56,717,151
7
Quênia
49,699,862
8
Uganda
42,862,958
9
Argélia
41,319,142
10
Sudão
40,553,330
11
Marrocos
35,739,534
12
Angola
29,784,194
13
Moçambique
29,668,834
14
Gana
28,833,629
15
Madagáscar
25,570,895
16
Costa do Marfim
24,294,750
17
Camarões
24,053,727
18
Níger
21,477,348
19
Burquina Fasso
19,193,382
20
Malawi
18,622,104
21
Mali
18,541,980
22
Zâmbia
17,094,130
23
Zimbabwe
16,529,904
24
Senegal
15,850,567
25
Chade
14,899,994
26

Somália
14,742,523
27
Guiné
12,717,176
28
Ruanda
12,208,407
29
Tunísia
11,532,127
30
Benim
11,175,692
31
Burundi
10,864,245
32
Togo
7,797,694
33
Serra Leoa
7,557,212
34
Líbia
6,374,616
35
Congo-Brazzaville
5,260,750
36
Eritreia
5,068,831
37
República Centro-Africana
4,659,080
38
Libéria
4,731,906
39
Mauritânia
4,420,184
40
Lesoto
2,125,262

41
Namíbia
2,055,080
42
Botswana
1,815,508
43
Gâmbia
1,688,359
44
Guiné-Bissau
1,472,780
45
Gabão
1,454,867
46
Maurícia
1,250,882
47
Essuatíni
1,133,066
48
Comores
711,417
49
Guiné Equatorial
551,201
50
Djibouti
496,374
51
Cabo Verde
423,613
52
Saara Ocidental
382,617
53
São Tomé e Príncipe
199,579
54
Seicheles
81,895

Estamos falando como pôde ver, em 1,216,345,029 (Um bilhão, duzentos e dezesseis milhões, trezentos e quarenta e cinco mil e 29 habitantes) estimativa feita para 2015, quando ainda se consideravam apenas 54 países em África, atualmente (2021) 55, sendo 52 Repúblicas e 3 Reinos.

Creio que com estes dados consigo deixar bem claro para quem me dedico. Como afro-brasileiro, vejo que, principalmente o papel da diáspora africana em todo o mundo tem que ser preponderante neste sentido. Obviamente vou colocar neste livro ideias e ações ligadas aos meus conhecimentos, como pude descrever no livro CELSO SALLES - Autobiografia em Preto e Branco, pode adquirir pela amazon.com e receber impresso onde estiver.

ÁFRICA E DIÁSPORA AFRICANA UMA COISA SÓ

Essa tem sido uma bandeira que venho levantando desde o ano 2.000, quando literalmente iniciei os meus trabalhos pró África. Despertar esta África distribuída em todo o mundo tem sido a grande energia do meu trabalho. Reunificar as mentes africanas e lhes deixar claro que não existe fronteira ou divisão capaz de separar as mentes, também tem sido algo que venho fazendo com o máximo rigor possível e estarei mostrando como faço isso, com exemplos 100% verificáveis. Sei que vou influenciar outros afro descendentes de várias partes do mundo a fazerem o mesmo. Como pude descrever em minha autobiografia, aos poucos vou descobrindo mais e melhor a missão que me foi confiada. O mesmo irá ocorrer com outras pessoas.

O PENSAMENTO É FUNDAMENTAL

Ao ler sobre a Conferência de Berlim, que ainda é muito desconhecida do grande público, pode-se ver com toda a clareza que foi toda ela feita com base em pensamentos exploratórios, que levaram a África seus descendentes a viver este verdadeiro caos. Por que não podemos PENSAR À PARTIR DE ÁFRICA? Formas e mais formas de repararmos todo este malefício e plantarmos sementes para que um futuro promissor possa ser forjado para africanos e afrodescendentes em todo o mundo. Temos necessariamente que contemplar o PODER FINANCEIRO que na história da humanidade tem escrito páginas e mais páginas de sofrimento e horror. O que tem faltado? O PODER HUMANO. Essas duas forças precisam habitar juntas utilizando a FILOSOFIA como base obrigatória. Um cenário novo e plenamente viável.

NO BORDERS - SEM FRONTEIRAS

A tecnologia atual acabou com as fronteiras para tudo o que interessa ao PODER FINANCEIRO, porém para o PODER HUMANO ainda estão muito fechadas. Isso por culpa do próprio poder humano que tem se limitado a ações de Organização criadas para isso, que na sua subsistência necessitam do poder financeiro, o que, as limita de inúmeras formas. A partir do momento em que o pensamento começa a emergir de pessoas singulares, no todo o PODER HUMANO começa a ganhar espaços de fundamental importância. Depois do Pensamento vem a ação. A partir de agora vou colocar inúmeras ações, não em ordem cronológica, mas todas elas de imensa importância para que sirvam como luz para o seu pensamento e suas possíveis e futuras ações. É tudo o que mais eu espero.

Daniele Adahi BIKpo

DIGITAL AFRICAN HANDI-TALENTS

INTEGRAÇÃO SOCIAL ATRAVÉS DA CULTURA

AS INICIATIVAS DE CÔTE D`IVORE

São ações próprias de Organizações de grande porte, criadas todas à partir de África, com propósito de melhorar a qualidade de vida de pessoas com deficiência física em todo o mundo, independente de cor, raça ou credo.

DIGITAL AFRICAN HANDI-TALENTS

INTEGRAÇÃO SOCIAL ATRAVÉS DA CULTURA

CELSO SALLES
AFRICAN DIASPORA DIRECTOR
IvoireHandicapTV.net

Vou iniciar com a apresentação desta africana brilhante e fazer um resumo de suas iniciativas. Segue abaixo o texto em que ela própria se apresenta:

Meu nome é Danièle Adahi BIKPO. Nasci em 06 de junho de 1975 em Abidjan (Costa do Marfim). Sou divorciada e mãe de três filhos. Após um terceiro ciclo de auditoria e gestão de recursos humanos e 15 anos de experiências profissionais na gestão de homens e empresas, decidi em 2015 criar a La Libellule (www.lalibellule-recrutement.com), uma firma de consultoria em recrutamento e recursos humanos dedicada a pessoas com deficiência. Era novidade na Costa do Marfim falar sobre deficiência do ponto de vista do trabalho. As dificuldades eram reais e múltiplas: pessoas com deficiência para trabalhar e alterar os procedimentos de recrutamento de empresas para levar em conta as pessoas com deficiência.

Em 2017, minha empresa La Libellule criou a 1ª feira para o emprego de pessoas com deficiência na Costa do Marfim: LA JOURNEE HANDI EMPLOI. Um dia de reunião e discussão entre pessoas com deficiência e especialistas em recursos humanos e líderes empresariais. São realizados workshops para encontrar soluções para a integração e integração de pessoas com deficiência em empresas privadas (www.handiemploi.ci).

Entendemos que a comunicação e a conscientização deveriam constituir 70% de nossas atividades para nos permitir alcançar os objetivos de La Libellule. O principal objetivo de La Libellule é a integração e a integração profissional de pessoas com deficiência na Costa do Marfim.

Não queríamos deixar de fora as pessoas com deficiência intelectual. Foi assim que, em 2018, criamos o Ivoirehandicap.net. Uma empresa de publicação, audiovisual e produção de eventos que, por seu status, nos permitiu criar ferramentas para se comunicar, conscientizar e informar sobre a deficiência.

A Ivoirehandicap.net criou o ivoirehandicaptv.net, uma imprensa online dedicada a pessoas com deficiência e idosos na Costa do Marfim. A lvoirehandicaptv.net organiza a COSTA DO MARFIM DA SENHORITA HANDICAP (www.misshandicap.net), a HANDIMARATHON D'ABIDJAN (www.handimarathon.ci), produz programas e desde 2020 organiza os HANDI-TALENTS AFRICANOS DIGITAIS (www.daht.ivoirehandicaptv.net)

Miss HANDICAP COSTA DO MARFIM (criada em 2018), não é um concurso de beleza clássico porque, além de valorizar as meninas e colocá-las em destaque, esta competição lida com o empoderamento das meninas em situação deficiência através do financiamento de micro projetos e assistência comercial e de marketing. Este evento oferece treinamento, bolsas e equipamentos.

HANDIMARATHON D'ABIDJAN (criado em 2018) é uma meia-maratona dedicada às pessoas com deficiência. Rotas de 11 km, 5 km e 2 km são reservadas para Handi-Riders. O esporte é um dos meios de integração profissional das pessoas com deficiência. Descobrimos esportistas, talentos que queremos desenvolver internacionalmente. Lançamos a operação "STOP MENDICITE ALL AT SPORT"

HANDI-TALENTS AFRICANOS DIGITAIS é um concurso que permite a promoção cultural e artística de pessoas com deficiência no continente africano.

Queríamos compensar a ausência de uma plataforma artística e cultural africana para pessoas com deficiência. Até o momento, nenhuma competição artística permite que pessoas com deficiência sejam facilmente representadas. Isso pode estar relacionado à inacessibilidade das salas de desempenho, ao conceito de programas ou à comunicação feita sobre elas; mas também a falta de reconhecimento dos talentos desse alvo frequentemente marginalizado.

HANDI-TALENTS AFRICANOS DIGITAIS são projetados para pessoas com deficiências físicas, sensoriais e intelectuais. Iniciantes ou artistas reconhecidos de mais de 40 países do continente africano expressarão seu talento, deixando os internautas como fãs e júri a escolher os melhores. Graças a esta competição, exploramos as 7 disciplinas artísticas.

Trabalhamos apenas no campo da deficiência e criamos todas as nossas atividades em torno da deficiência. Que longo caminho desde 2015. Recrutei funcionários e consultores especializados para essas atividades que têm uma grande consciência e generosidade profissional. Não podemos contar nosso tempo de trabalho. Todos somos levados pela paixão e vontade de contribuir com nossa pedra para a construção da humanidade.

Nós nos enriquecemos com sorrisos, agradecimentos e testemunhos de famílias. Estamos felizes com as reuniões e os relacionamentos que esse trabalho altamente social nos oferece.

Planejamos criar um centro de orientação e treinamento vocacional para pessoas com deficiência na Costa do Marfim em 2022. Temos as habilidades técnicas e os recursos humanos. Nossas atividades criarão os recursos financeiros esperados.

Danièle Adahi BIKPO

Gerente de La Libellule e Ivoirehandicap.net

A ENTRADA DA DIÁSPORA AFRICANA
E TODAS AS PESSOAS DO MUNDO NO DAHT

Cheguei até o Circuito de Daniele Adahi BIKpo, inicialmente como um apoiador de Angola na participação do DIGITAL AFRICAN HANDI TALENTS e, após conhecer toda amplitude de seus Projectos lhe incentivei a abri-lo para todo mundo, para todas as pessoas com deficiência, de todas as raças, o que prontamente foi aceito. Ela então me me transformou em uma espécie de Coordenador da Diáspora onde podemos considerar todos os demais continentes. Ao ingressar, sugeri que trabalhássemos com a figura dos REPRESENTANTES que dividi nas seguintes categorias: MASTER - SENIOR - JUNIOR - CUSTOMIZED.

AS PECULIARIDADES DOS PROJECTOS DE DANIELE BIKPO

A mídia no geral, quando se trata de projectos iguais aos criados por Daniele BIKpo acaba por negligenciar. As informações quando partem de África são, em sua maioria, esteriotipadas e sempre com um cunho negativo. Obviamente, uma das grandes ações que tenho procurado fazer neste tempo em que vivo no continente africano é dar prioridade às ações como as da brilhante africana Daniele BIKpo.

O ÓDIO NADA MAIS É DO QUE A
AUSÊNCIA DO AMOR

Pelo que pude perceber em minha vida, ao longo dos meus 62 anos de idade, completados em 28 de Maio de 2021, tenho percebido que tanto o ódio quanto o amor, habitam o coração do homem. É como se fossem dois lobos. Um bom e o outro mau. Cada um de nós é o lobo que mais alimentamos. Vejo que a grande mudança que precisamos buscar é o conceito do TODO. Somos, querendo ou não, uma só humanidade. À partir do momento que conseguirmos contemplar isto, começamos efetivamente a mudar a fase da humanidade. Nós que estamos vivos neste início da terceira década do Século XXI herdamos uma série de evoluções e problemas preconizados pelas gerações passadas. Cabe a nós, quebrarmos uma série enorme de paradigmas, sendo que um deles, talvez o principal é o "TUDO MEU" ou "TUDO PARA MIM". "TUDO PARA O MEU POVO." "TUDO PARA A MINHA BANDEIRA." Dentro do que aprendemos com os Suecos... "NEM MUITO, NEM POUCO", começamos a romper importantes barreiras e a pensar de forma muito mais construtiva, até porque, vivemos em um planeta que precisa de harmonia no geral para continuar a existir. Pelo tempo de vida de nosso planeta não precisa ser muito inteligente para refletirmos que, uma vez destruído será o fim da raça humana. Dentro do livre arbítrio cabe a nós definirmos o noss próprio futuro.

A REDUÇÃO POR COMPLETO DAS DIFERENÇAS
E O EXEMPLO DE MADRE TEREZA DE CALCUTÁ

Tudo o que pensamos precisa de muita reflexão e mudança o tempo todo. Em uma passagem Madre Tereza de Clacutá, sendo interpelada por uma pessoa que lhe disse... "Irmã eu não faria isso que a senhora faz, nem por 10 milhões de dólares." A resposta da Madre foi muito simples e muito profunda: ..."por 10 milhões de dólares eu também não faria." É fácil entendê-la. Ela fazia sem cobrar absolutamente nada. Mas final, qual seria então o grande ganho de Madre Tereza. À luz do capitalismo, hoje financeirizado, Madre Teresa teria que ser internada em um hospital psiquiátrico. Porém a luz da continuidade da espécie humana, Madre Teresa em sua resposta assinalou o caminho que nós como humanidade teremos que seguir, por bem ou por mal. Quanto maior a redução das diferenças entre ricos e pobres, brancos e pretos, cristãos e muçulmanos e assim vai, mais tempo de vida teremos em nosso planeta terra. A visão de riqueza cada vez mais estará ligada a visão de preservação da natureza. Fauna e Flora precisam ser preservados.

**PARA QUE EU SEJA RICO,
NÃO PRECISO QUE O OUTRO SEJA POBRE.
MUITO PELO CONTRÁRIO.**

Dentro da visão do equilíbrio no planeta tenho que à partir de ontem iniciar mudanças em minha forma de pensar. Se é que posso chamar de desafio, tenho que pensar no desenvolvimento comum. Até pelo que você pôde ler sobre a Conferência de Berlim, toda a pobreza em África foi planejada e executada com requintes de crueldade. Um primeiro mundo que tem marcas profundas e crimes e mais crimes contra a humanidade, precisa assumir a liderança no sentido de eliminar as diferenças. Investir na educação do terceiro mundo. Criar formas e mais formas de desenvolvimento das indústrias do terceiro mundo, para que tenham equilíbrio em suas economias. Importar de forma social, ou seja, dar prioridade para o que eu posso comprar nas áreas menos favorecidas, para que elas se desenvolvam. Apenas jogar nas costas dos governantes atuais de África todo um custo causado por anos e anos de dominação não faz parte do pensamento de uma humanidade justa. Criar mecanismos de corrupção para impedir o desenvolvimento de áreas ricas em matérias primas, fortalecendo governantes que beneficiem os ainda dominadores, também tem que ser prontamente interrompido.

O DESEQUILÍBRIO É O SINAL DE QUE NÃO ESTAMOS NADA BEM.

Estamos diante dos problemas. E nos compte resolvê-los. A busca do quilíbio tem que ser o nosso grande desafio. No campo político é a criação de políticas públicas que, independente do partido político, elas sejam sempre cumpridas e proporcionem o bem social. Os erros cometidos pelas gerações passadas devem sofrer dois importantes processos: O da reparação e o da transformação. Na reparação tenho que elaborar uma série muito grande de ações no sentido de compensar os que sofreram pelo que minhas gerações passadas fizeram e no quesito transformação tenho que contemplar toda uma série gigante de ações no sentido de deixar algo melhor para as gerações futuras. Ações gerais e igualitárias, que busquem o entendimento e a convivência pacífica e harmónica. Como poderá ver na sequência, minha vó por parte de mãe era branca. O meu avô, também por parte de mãe era negro. Igual a mim existem milhares de pessoas no mundo, que nasceram fruto do cruzamento de raças. Se pararmos para pensar, todo o tipo de racismo é algo que, com o tempo, precisa desaparecer da face da terra, pois não tem absolutamente o menor sentido. A superioridade ou mesmo a inferioridade não depende de cor, raça ou credo. Muito menos da classe económica. Temos que chegar a um ponto em termos de humanidade em que definamos o grau de superioridade, pelo grau de bondade e de bem ao próximo, de uma pessoa, de uma organização ou mesmo de um país. Quanto mais bem eu faço, quanto mais pessoas eu ajudo, mais uperior eu sou. Mais rico eu sou. Por esse caminho começamos a reescrever a história da humanidade. Quanto menor o desequilíbrio, maior será o sinal de que esta,ps a trilhar o caminho certo, que irá eliminar guerras, fomes, doenças...

Logo acima minha avó por parte de mãe, MARIA BRANDINA e ao seu lado meu avô POR PARTE DE MÃE, JOSÉ PEREIRA DE SOUZA. Ao lado, minha avó e minha tia YONE CACHEIRA. No Brasil me identificam como NEGRO e em Angola, algumas vezes sou chamado de BRANCO. Corre em minhas veias os dois sangues, o que me torna representante dos dois lados. O que quero deixar para os meus filhos? EQUILÍBRIO. Diferença Zero.

EU TAMBÉM VENDO SONHOS

Letra: Celso Salles - Em África
Música: Edu Toledo - No Brasil

Eu também vendo sonhos,
sonhos de liberdade,
sonhos de paz,
sonhos de um mundo melhor,
onde cada um de nós, parte de um infinito universo,
apesar de menor que um grão de areia
é filho amado de um altíssimo generoso,
criador da essência, em prosa e verso.
Eu também vendo sonhos,
sonhos de igualdade,
sonhos de amor,
sonhos de paz,
onde o dinheiro tem o seu lugar,
onde é apenas energia humana,
para a manutenção da vida em toda a sua plenitude,
material e espiritual.
Eu também vendo sonhos,
sonhos pequenos, sonhos ínfimos,
de um simples prato de comida todo dia,
para quem tem fome,
do sorriso de uma criança
aqui, e em todo lugar.
Eu também vendo sonhos,
negro, branco, amarelo, de todas as cores
em um mundo mais humano e fraterno.
Eu também vendo sonhos,
Quem tem mais, no auxílio a quem nada tem,
Quem sabe tudo a ensinar
quem nada sabe.
Eu também vendo sonhos,
sem armas, sem violência
onde o grande poder
é o da mansidão.

65

A CHEGADA AO SUL DE ANGOLA - CUNENE

Visita realizada aos Povos Khoisans (Kamussequeles) no Cunene - Sul de Angola, no dia 22 de Fevereiro de 2018, como parte do Programa a ser cumprido pelo FEST SHOW NAVAYE - Vlado Coast & Convidados na semana de 21 a 25 do corrente mês. Os povos Koisans são nômades e os encontramos na Província do Cunene, Sul de Angola, no Município de Kwanhama, Comuna OSHIMOLO - KAFIMA OSHINAPELA. Segundo a história os povos Khoisans foram os primeiros habitantes desta região e vivem também no território da Namíbia. Toda vez que efetuamos uma visita devemos levar uma oferta. Os mantimentos que filmamos foram entregues pelo Governo Provincial do Cunene que nos proporcionou toda logística para que pudéssemos realizar este trabalho. As informações chegam até os povos através da estrutura muito bem criada e cuidada pelo Governo do Cunene, ao qual agradecemos muito.

https://youtu.be/2Rww1Ww5Ge0

69

O IDIOMA KWANHAMA FALADO NO SUL DE ANGOLA E NA NAMÍBIA

Graças a Deus, os colonizadores não conseguiram acabar com tudo. A África foi mais forte que eles e continuará sendo, sobrevivendo ao tempo, ao desenvolvimento sem consciência, esperando pelo futuro que teimo em trabalhar para que seja infinitamente melhor que aquele que nos foi deixado.

Podemos e devemos interagir com todos os povos do mundo, porém RESPEITANDO-OS. Se todos estão na face da terra, não posso imaginar que somente eu tenha direito a tudo o que for de bom e de melhor. Como já disse anteriormente, dentro da vertente da REPARAÇÃO, eu que no Brasil sou negro e em Angola, algumas vezes sou chamado de Branco, tenho a obrigação de puxar o lado branco para a REPARAÇÃO JÁ.

Começando por criar mecanismos de promoção e preservação desta rica cultura africana que nossos antepassados GRAÇAS A DEUS mais uma vez, não conseguiram eliminar por completo, alimentando um racismo plenamente idiota que, não cabe mais dentro da atual e principalmente da futura humanidade.

REPARAÇÃO, COMEÇANDO PELA CULTURAL é o mínimo que tem-se que fazer em contrapartida aos verdadeiros crimes contra a humanidade cometidos sem dó nem piedade pela geração da Criminosa Conferência de Berlim, que gostaria que nunca tivesse existido.

https://youtu.be/HpFZFM9kqn8

Em visita ao Memorial do Rei Mandume no dia 21 de Fevereiro de 2018.

« Se os ingleses me procuram, eu estou aqui, e eles podem vir e montar-me um ardil. Não farei o primeiro disparo, mas eu não sou um cabrito nas mulolas, sou um homem ... e lutarei até gastar a minha última bala.»

« O meu ... diz-me qu... nada de ...

(MANDUME...

A TRADIÇÃO KWANHAMA no Memorial do Rei Mandume

A Tradição e Cultura Kwanhama é muito bem exposta no Memorial do Rei Mandume localizado há aproximadamente 40 km da cidade de Ondjiva, capital do Cunene e, como poderá ver, dispõe de uma bem montada estrutura turística.

https://youtu.be/jJXW0DegpKw

OIHOLE O MEMORIAL DO REI MANDUME CUNENE ANGOLA

No início da visita ao OIHOLE - O MEMORIAL DO REI MANDUME, conheça com Vlado Coast a planta OMIFIATI - Os Mortos Disseram (O que os mais velhos deixaram) que é respeitosamente depositada no túmulo do último rei dos Kwanhamas: Mandume ya Ndemofaio. Conheça também o NDELELA - Tecido Oficial dos Kwanhamas.

https://youtu.be/6979tX2MjUY

Visita ao Túmulo do Rei Mandume com Vlado Coast

Em 2002, reconhecendo o simbolismo do rei Kwanhama, abria portas o Complexo Memorial do Rei Mandume, no lugar onde o soberano perdeu a vida e foi enterrado (sem a cabeça!). A cerimónia foi presidida pelos presidentes angolano e namibiano. O lugar é simples, mas altamente representativo. Arcos verdes cruzam-se, protegendo o último leito do rei, que está rodeado de estacas de madeira, como numa embala da região. É lugar sagrado para os Kwanhamas, e ponto de visita obrigatório para quem quer conhecer melhor as histórias e lendas que formaram o nosso país. No túmulo, uma citação de Mandume em forma de epitáfio diz muito do antigo rei: "Se os ingleses me procuram, estou aqui; e eles podem vir e montarm-me num ardi, não farei o primeiro disparo, mas eu não sou um cabrito nas mulolas, sou um homem (...) e lutarei até gastar a minha última bala".

https://youtu.be/jipoR7ERlFw

20:56

REI MANDUME

A IMPORTÂNCIA
DO REI MANDUME

Não deixe de assistir aos vídeos documentários que produzi, postados na página 75 deste livro. Para quem tem dificuldade no idioma português ou mesmo não sabe utilizar os recursos de tradução instantânea do Youtube, colocarei nas páginas seguintes importantes textos que falam sobre o Rei MANDUME.

Propositalmente coloquei textos de várias fontes, visto que foram escritos em português de épocas diferentes, o que vai facilitar na tradução para os demais idiomas, onde o Google Translate irá ser mais inteligível com o texto que utilizar um português mais atual.

PRIMEIRO TEXTO:

Mandume ya Ndemufayo (1894 — Sul de Angola, 6 de Fevereiro de 1917) foi o 17º e último monarca do Reino Kwanhama ainda independente. Foi também, para todos os efeitos, o líder militar e político da Confederação dos Reinos Ovambos durante as batalhas do Sudoeste Africano, na Primeira Guerra Mundial.

Primeiros anos e educação

Filho do rei Ndemufayo e da rainha Ndapona Shikende, Mandume ya Ndemufayo nasceu em 1884 nas terras do Reino Kwanhama, um estado nacional dos povos Kwanhamas, do grupo etnolinguístico dos ovambos, do sul de Angola e norte da Namíbia.

Mandume ya Ndemufayo foi escolarizado por missionários protestantes alemães, naquilo que na altura era o Sudoeste Africano Alemão, a Namíbia de hoje, território ao qual ficou integrado boa parte do Reino Kwanhama e da sua população. Poliglota, falava alemão, português, inglês e Kwanhama.

Reinado

Chegou ao poder em 1911 e seu reinado durou até 1917, coincidindo portanto com o período em que os poderes coloniais português, alemão, sul-africano e britânico se concentraram na ocupação efectiva, pela força, dos territórios de Angola e da Namíbia, conforme exigido pelo "Princípio da Ocupação Efectiva" da **Conferência de Berlim**.

Mandume ya Ndemufayo impôs aos europeus uma resistência tenaz, enfrentando ao mesmo tempo o avanço dos ocupantes alemães, sul-africanos e britânicos que vinham do sul, e dos portugueses que vinham do norte, nos confrontos que ficaram conhecidos como Campanha de Cubango-Cunene, parte da Campanha do Sudoeste da África.

Conseguiu a façanha de reunir consigo a maioria dos Estados ovambos, formando a Confederação dos Reinos Ovambos, composta pelos reinos Kwanhama e Cuamato, apoiados pelo Reino Evale, pelo Reino Cuambi e tropas do Humbe. As tropas sob seu comando foram as maiores sob a supervisão de um único homem na Campanha do Sudoeste da África, chegando a 50 mil homens.

Em relação aos alemães, adotou posição dúbia, recebendo armamentos no início do conflito, e lutando por sua expulsão no final da campanha militar. Tentou associar-se aos britânicos, porém acabou por receber um ultimato conjunto da Grã-Bretanha e de Portugal, da qual respondeu com uma máxima que tornou-se célebre:

«se os Ingleses me querem, podem vir apanhar-me. Não dispararei o primeiro tiro, mas não sou um touro do mato. Sou um homem, não uma mulher, combaterei até ao último cartucho» - Mandume ya Ndemufayo.

Face à superioridade militar tecnológica dos europeus, acabou vencido. Segundo a tradição oral ovambo, Mandume ya Ndemufayo, ao notar que já não tinha outra saída, preferiu suicidar-se ao ter que se render. O relato oficial sul-africano afirma no entanto que ele foi morto a tiros por um destacamento das forças britânicas-sul-africanas.

Homenagens

Em 2002 foi inaugurado o Complexo Memorial do Rei Mandume, no município de Namacunde, no sul de Angola, no local onde o rei residia pouco antes de sua morte e onde se encontra sepultado. Nas proximidades de Vinduque, foi erguida uma lápide simbólica para ele no memorial Acre dos Heróis, um local onde enterram-se figuras importantes para a história dos povos da Namíbia.

Em 2009, a universidade pública constituída no Lubango, a partir de faculdades anteriormente pertencentes à Universidade Agostinho Neto, recebeu o nome "Universidade Mandume ya Ndemufayo".

SEGUNDO TEXTO

Mandume ya Ndemufayo foi o último dos reis Kwanhamas, teria nascido no ano de 1884 e morreu a 6 de Fevereiro de 1917. Ndemufayo cresceu durante um período de significativa agitação no reino Kwanhama, devido à presença de comerciantes europeus e missionários. Terceiro na linha de sucessão para o trono Kwanhama, o príncipe vivia desde criança com medo de ser assassinado.

Ndemufayo assumiu o trono de forma pacífica (para as normas Kwanhama) e imediatamente mudou a residência real para Ondjiva (agora em Angola). Ndemufayo expulsou do território Kwanhama os comerciantes portugueses, denunciando a inflação dos preços que estes praticavam. Internamente, ele emitiu decretos proibindo a apanha de fruta não amadurecida, para se proteger contra as secas, e o uso desnecessário de armas de fogo, um produto importante obtido por comerciantes europeus. Significativamente, ele também estabeleceu duras penas para o crime de estupro e permitiu que as mulheres tivessem o seu próprio rebanho, o que anteriormente era ilegal. De modo geral, o rei Ndemufayo procurou restaurar a riqueza e a anterior prosperidade Kwanhama contra um sistema decadente da liderança local.

Abstraindo das atitudes bárbaras que o caracterizavam, tolerava as Missões protestantes alemãs que o instruíram na língua, na escrita e na religião. Dizia ele «que todos os brancos que não fossem padres e estivessem dentro do seu território deviam ser mortos». E a comprová-lo mandou matar um português, a mulher e amigos que o acompanhavam. Em comparações que fazia entre as Missões católicas e protestantes, nas quais fora educado, apontava como justificação que aquelas «só se dedicavam à catequese e se «metiam em negócios de gado», enquanto que os luteranos primavam por elevar o nível social e intelectual das massas».

Relações com o Cristianismo

Ndemufayo tinha reputação de perseguidor dos cristãos dentro do reino Kwanhama. Numerosas famílias cristãs fugiram para o reino Ondonga dos Ovambos devido à sua perseguição. Ndemufayo também teve problemas com missionários portugueses da Igreja Católica Romana, bem como com alemães protestantes da Sociedade Missionária do Reno.

Combates de Oihole

Quando Mandume se retirou de Ondjiva foi instalar-se em Oihole. Dali enviava pequenos grupos de guerrilha que com grande sucesso abatiam os invasores em todo Oukwanyama. No dia 30 de Outubro de 1916, os portugueses lançaram uma grande operação, comandada por Raul Andrade, com forças entre 5 e 7 mil homens, para de uma vez por todas submeter a Mandume.

Essa ofensiva foi atraída por uma cilada dos kwanhamas e foi totalmente esmagada. Dali saiu um ditado ainda muito popular em Oukwanyama que reza: Quem tem dúvidas, vá a lavra de Luli. Na lavra de Luli é onde estavam estendidos os cadáveres de portugueses, Raul Andrade incluído. Destacaram nesse combate os destemidos comandantes: Kalola Shihetekela, Shikololo, Hamukoto Kapa, Naholo Haivinga, Hangula Kangudu, Haufiku Kasheeta e Nehova wa Walaula. Nessa batalha o saldo para os portugueses foi pior que o do Vau do Pembe. O comandante máximo Kwanhama dessa batalha foi Mandume ya Ndemufayo.

Pembe, Angola, 25 de Setembro de 1904 - A Maior Derrota Portuguesa na África Negra

Batalha do Pembe

No dia 25 de Setembro de 1904, os portugueses ao tentarem atravessar o rio Cunene, caíram numa emboscada dos ovambos (Kwamatuis e kwanhamas) onde foram totalmente esmagados. Os comandantes mais destacados dessa batalha foram Kalola ka Shihetekela e Mwatilefu ya Hautoni, distintos comandantes kwanhamas sob as ordens do rei Nande ya heidimbi. Muitas armas recuperadas nesse combate foram encontradas a arderem no palácio do rei Mandume em Setembro de 1915.

Mandume, filho distinto de África, foi o único rei em África que enfrentou um general. O General que enfrentou a Mandume, Pereira de Eça, na sua biografia fez a seguinte referência: Vou terminar, como é de justiça, fazendo também o elogio do adversário, cuja bravura foi inexcedível. Atacar três dias seguidos no último combate, que durou dez horas, a uma distância que chegou a ser de cinquenta metros, revela um moral e uma instrução de tiro e de aproveitamento de abrigos que fariam honra às melhores tropas brancas. Esse adversário teve quem o armasse e instruísse, bem o sei, mas só com uma tempera verdadeiramente guerreira, entregue a si próprio, se manteria como se manteve até à Môngua, onde a nossa ofensiva quase que só se pôde efectuar no campo estratégico, pertencendo ao inimigo a do campo táctico.

Batalha de Omongwa

É conhecido por todos que essas colunas (portuguesas) foram esmagadas pelos kwanhamas. Essas humilhantes derrotas levaram a Roçadas, comandante máximo dos portugueses no baixo Cunene a fazer um informe da situação catastrófica dos portugueses no Oukwanyama. Esse informe motivou a vinda urgente de Moçambique do Pereira de Ença. Esse oficial, ao chegar a Angola foi investido como Governador-geral de Angola e chefe Supremo das forças armadas portuguesas em Angola. E, também, deram-lhe todos os recursos para combater a Mandume. No Memorias e Raízes: Em memória a uma amizade incomum: se afirma que previa-se forte resistência dessas populações sublevadas, sobretudo a Kwanhama, a tribo mais aguerrida de quantas havia em confronto, comandada pelo grande soba Mandume. Pereira de Eça não perdeu tempo, organizou tudo e no princípio de Agosto de 1915 as suas forças começaram a chocar contra os kwanhamas nos arredores de Omongwa.

Na História de Portugal, Guerra em Angola, os oficiais portugueses descrevem a seguinte história: Do interrogatório feito a um prisioneiro e a doze indígenas que voluntariamente se apresentaram, fomos levados a concluir que nos combates dos dias 18 e 19 fôramos apenas atacados por uma parte das forças inimigas, sob o comando do «lenga» Calola, tendo como imediatos 9 «lengas»; e no combate do dia 20, sob o comando superior do «soba» Mandume, entraram em acção os guerreiros de 33 «lengas». Ainda afirmam que pela vivacidade do combate e precisão de tiro não dava dúvidas a ninguém que era o próprio Mandume, rei dos kwanhamas que estava a comandar. Se afirma, ainda, que no dia 19 a meio da noite deu-se o alarme. E, logo de manhã, a face da frente teve de repelir um ataque, que se estendeu para a esquerda, com tentativas improfícuas de envolvimento sobre a retaguarda. O fogo manteve-se vivo durante duas horas e, sempre que este afrouxava, ouviam-se claramente os cânticos de guerra do gentio. Os kwanhamas afirmam que a chegada do rei a um local era sempre saudada com grandes cânticos. Os cânticos daquele dia estavam a celebrar a chegada do rei Mandume ao epicentro dos combates. A mesma fonte agrega, ainda que o Destacamento português do Kwanhama, que sofreu perdas sensíveis, quer nos três combates da Môngua, quer durante as marchas realizadas após a transposição do Cunene, ficara sem condições de continuar o seu avanço sobre a N'Giva. A batalha de Omôngua é a maior e a mais mortífera batalha para os portugueses ao longo de toda suas aventuras de ocupação na África e talvez em toda sua história. É descrita como a Batalha das batalhas. O comandante Kwanhama dessa batalha foi Mandume ya Ndemufayo.

Batalha e morte

Nenhum colonizador europeu desafiou os reinos bem organizados e bem armados Ovambo até 1915 ao início da I Guerra Mundial, que coincidiu com uma seca enorme local. Durante a batalha de Omongwa, Ndemufayo e os seus Kwanhama resistiram a um ataque dos portugueses durante três dias. Simultaneamente, as forças sul-africanas conquistaram a parte do reino Kwahama anteriormente localizada no sudoeste alemão da África. Devido às grandes perdas, Ndemufayo foi forçado a colocar a capital Kwanhama na área do Sul da África Ocidental.

O fim trágico que o envolveu corresponde exatamente ao tipo de homem que encarnava. Valente, ousado, arrogante e aventureiro. Abandonando N'Giva, sede do Reino, depois da última batalha da Môngua, em Agosto de 1915, instado pelos Ingleses, foge para o lhole na fronteira com o Sudoeste. Mandume presta vassalagem a Sua Majestade Britânica. Constrói a nova 'Embala' em lhole, ainda pertencente ao domínio inglês, já que só posteriormente Namakunde passava a integrar o território português. Impaciente, de espírito ardente e guerreiro, desenvolve surpreendente atividade nos domínios já abrangidos pelos Portugueses, incitando seus súbditos à revolta contra os Brancos, intimando-os a passarem ao Sudoeste com suas manadas. Eufórico, vai além dos limites da prudência e exerce uma ação de combate em território inglês. No ano seguinte, dirige investidas ao Kwanhama, tentando reconquistar o reino perdido. E as autoridades portuguesas de Namakunde pedem aos ingleses que terminem com as actividades de Mandume. A 30 de Outubro de 1916, aniquila uma força portuguesa comandada pelo tenente Raul de Andrade, habilmente atraída a uma cilada. Recusa-se a ir a Windhoeck conferenciar com os Ingleses a quem teria dito «que viessem ao lhole se quisessem», e preparando-se para recebê-los sabendo de antemão que apressava o seu fim: «se os Ingleses me querem, podem vir apanhar-me. Não dispararei o primeiro tiro, mas não sou um touro do mato. Sou um homem, não uma mulher, combaterei até ao último cartucho». Trava-se violenta batalha entre Namakunde e lhole, mas os Ingleses contornam a operação. Karora, o súbdito fiel, vigiava o Norte. Uma força portuguesa entrou em ação. Já em Ondongua os ingleses lutaram com pequenas forças de Mandume. E o último Soba Kwanhama, rodeado de aproximadamente seiscentos homens da sua guarda pessoal, enfrenta também o último combate.

Afirmam os ingleses que o «Rei» foi identificado com quatro balas de metralhadora. Os Kwanhamas têm outra versão mais digna e real, e dela não se afastam. Acuado, já ferido, Mandume é retirado pelos seus fiéis súbditos, os Lengas, bem assim como pelos filhos do seu primo Weyulu, para debaixo da árvore imensa, o imbondeiro, onde finalmente praticou o suicídio com a sua bela arma Mauser, depois de liquidar três companheiros de luta. Assim contam o episódio: Mandume reuniu-se com os filhos de Weyulu, a quem perguntou «se preferiam ser lacaios dos Portugueses ou morrer com ele», ao que optaram pela morte. O padre Keiling tem uma narração mais precisa do grande acontecimento: E virando-se para os sobrinhos (primos) os filhos do falecido Soba Weyulu, lhes perguntou se queriam ser moleques brancos. Como eles disseram que antes queriam morrer, o Soba, levando a espingarda à cara, prostrou-os com dois tiros, e virando em seguida a arma contra si mesmo, fez saltar os miolos.

Em Fevereiro de 1917, após Ndemufayo recusar submeter-se ao

controle sul-africano, morreu em batalha contra os sul-africanos. A causa da morte é contestada: Uma terceira versão refere que Mandume foi abatido, em 1917, no decurso de uma batalha contra as tropas portuguesas.

Apesar de o Povo Kwanhama aceitar, conformado, a soberania portuguesa, com um passado de incessantes crises, lutas, mortes e arbitrariedades, desde os Sobas anteriores, para cumular com o despótico Mandume, sentem que ele foi temido por estrangeiros e que merecia, depois de morto, outro tratamento para que ficasse gravado o seu nome nas futuras gerações, como Rei e guerreiro. Isto faz lembrar as palavras do General Pereira D'Eça ao julgá-lo como militar e homem, no Relatório de Campanha sobre a batalha de Môngua: «Atacar três dias consecutivos um destacamento constituído por duas baterias de artilharia de campanha, quatro baterias de metralhadoras, estando estas formadas em Quadrado, e aproximando-se delas com muita insistência, que no último combate que durou dez horas, a uma distância que chegou a ser de cinquenta metros, revela uma moral e uma instrução de tiro e aproveitamento de abrigos que faria honra às melhores tropas brancas.»

Mas vejamos a opinião dos informadores sobre Mandume. Muakina, o velho «Lenga» de Nande, Chico Ipúlua e Tamira, este ainda criança em 1917, ouviam de seus pais e de toda a comunidade esta afirmação: «Mandume suicidou-se com a sua bela arma «Mauser», e Muakina explica: «Quando passamos pelo túmulo somos obrigados a descobrir-nos. Mandume foi o nosso Rei e o último que servimos.»

Apesar de alguma controvérsia em alguns pontos da história de Mandume, podendo em alguns casos até mesmo ser história, é de um todo unânime as opiniões sobre a sua bravura, influência e luta pela proteção de seu povo. Por estes e outros motivos é que foi considerado pelo povo Kwanhma o seu eterno rei e para o povo angolano em geral como: Mandume – O Rei dos Reis.

TERCEIRO TEXTO

Mandume: o rei que não se curva

A história de Mandume Ya-Ndemufayo é uma aula de resistência e fidelidade aos valores ancestrais.

Único filho homem de sua mãe, Ndapona Shikende, e seu pai, Ndemufayo, Mandume nasce no fim da década de 1880 na região de Cunene, sul de Angola. Nomeado Ohanda (rei) aos 21 anos de idade em 1911, tornou-se o mais famoso líder dos Kwanhamas por ter enfrentado de forma contundente as forças coloniais portuguesas e britânicas. Educado por missionários alemães, cresceu em um momento conturbado devido a ocupação de comerciantes e missionários europeus em seu território de nascimento.

O contexto de seu breve reinado compreende justamente o período após o Tratado de Berlim, em que colonizadores europeus dividiram entre si o continente africano, de forma a submeter centenas de etnias africanas à exploração e roubo.

Seu reinado foi conhecido por expulsar a maior parte da influência branca de suas terras. Os únicos brancos permitidos eram padres luteranos alemães que ensinavam escrita, leitura e religião protestante. Contudo expulsou cristãos católicos e comerciantes portugueses por praticarem preços abusivos. Em seu governo, mulheres passaram a ter permissão de possuírem seu próprio rebanho — o que antes era proibido — e o crime de estupro passou a ter penas muito mais duras.

Ainda no século XVIII, o reino Kwanhama tornou-se notável em seu território e começou a fazer comércio de armas com alemães. Com a invasão portuguesa, Mandume empreendeu diversas batalhas, como por exemplo a batalha de Omongwa, conhecida por ter durado cerca de três semanas. Durante este episódio violento, Mandume foi aconselhado por enviados britânicos a conduzir seu exército e marchar em direção à Oihole, enquanto negociariam com os portugueses sua retirada em direção ao norte. Já prevendo uma traição, Mandume põe fogo em seu palácio em Ondjiva e parte em direção ao sul. O exército português estava montando suas colunas para emboscar Mandume com o consentimento dos britânicos.

Ao ser recebido pelo rei ndonga Shihetekela em Ombandja, Mandume se estabelece e continua enfrentando ofensivas de britânicos e portugueses de ambos os lados em batalhas cada vez mais sangrentas.

30 de outubro de 1916, Portugal envia uma grande força ostensiva de 7 mil homens para derrotar o povo Kwanhama comandada por Raul Andrade. Atraídos por uma cilada, os portugueses acabam sendo esmagados em campo de batalha e tem seus corpos expostos como prova da bravura dos guerreiros Kwanhama.

Em dezembro de 1916, recebe do comandante britânico um ultimato: ou aceitaria a divisão de seu território ao meio entre Portugal e Grã-Betanha submetendo-se a ambas autoridades, ou deveria entregar-se e ser destronado. De forma altiva, Mandume responde com uma frase que tornou-se célebre em Angola até os dias atuais:

"Meu coração me diz que não fiz nada de errado. Se o inglês me ama, eu estou aqui, eles podem vir e podem me tirar daqui. Eu não vou disparar o primeiro tiro, mas eu sou um homem e não um steenbok (pequeno antílope). Eu lutarei até que minha última bala termine. "

Em 6 de fevereiro de 1917, após ter seu abrigo cercado por portugueses e britânicos com blindados e forte armamento, foge ferido com seus fiéis comandantes para baixo de uma enorme árvore chamada imbondeiro. Conta-se que perguntou a cada um se preferiam ficar vivos e servir aos brancos ou morrer junto ao seu rei.

Tendo todos escolhido a morte, Mandume atira em seus companheiros, suicidando-se em seguida.

Hoje Mandume Ya-Ndemufayo é exaltado como um dos mais respeitados líderes africanos, sendo citado como exemplo de resistência e tenacidade na história africana.

Templo em homenagem à Mandume

Universidade Mandume Ya-Ndemufayo

Possui uma universidade que carrega seu nome sediada em Lubango. Foi erguido um templo em sua homenagem no município de Namacunde, na província do Cunene, região sul de Angola.

Emicida - **Mandume**

ft. Drik Barbosa, Amiri, Rico Dalasam,
Muzzike, Raphão Alaafin
https://youtu.be/mC_vrzqYfQc

« Se os ingleses me procuram, eu estou aqui, e eles podem vir e montar-me um ardil. Não farei o primeiro disparo, mas eu não sou um cabrito nas mulolas, sou um homem ... e lutarei até gastar a minha última bala.»

« O meu coração diz-me que não fiz nada de errado »

(MANDUME - 5. 12. 1916)

Os Kwanhamas

Ovambo (em ovambo, owambo, por vezes chamada ambó na literatura do período colonial português) designa um povo de origem bantu, falante da língua ovambo (oshiwambo), que ocupa um vasto território no norte da Namíbia e no sueste de Angola, particularmente na província do Cunene.

São agricultores e criadores de gado bovino, com predomínio da actividade agropecuária e em especial da bovinicultura. O termo ovambo foi introduzido pelos hereros para designar as populações que viviam nas regiões onde abundavam as avestruzes (designadas ampho, omboh ou avambo), termo que se significa avestruz ou pessoas que convivem com avestruzes.

Os ambós de Angola surgiram da miscigenação de um povo de caçadores nómadas - saídos, por volta do século XVII, da Donga, no Sudoeste Africano - com pastores estabelecidos entre os rios Cunene e Cubango.

Desse obscuro encontro teriam brotado as cinco tribos angolanas do grupo - Kwanhamas, os mais numerosos, e Cuamatos, Evales, Cafimas e Dombondolas -, todas aparentadas com as tribos da Ovambolândia, no Sudoeste.

Estes povos orgulhosos, de elevadíssima estatura, ocupam ainda hoje um território de planuras levemente descaídas para sul, ao correr de outeiros de contornos suaves e de enormes clareiras escavadas no chão arenoso - as chanas -, cingidas por manchas de vegetação onde sobressaem os mutiatis, as acácias e os espinheiros.

Dedicando os dias à caça, à agricultura de subsistência e,

sobretudo, ao pastoreio de numerosas manadas de gado bovino, os Ambós aguardavam com ansiedade a chegada do tempo seco, a meio do ano, para soltarem o poderoso impulso da sua vocação guerreira. Capitaneados pelos lengas - chefes-de-guerra e conselheiros dos sobas -, realizavam expedições de guerrilha e saque num raio de cente¬nas de quilómetros.

Ficaram sobretudo memoráveis as incursões dos Kwanhamas. Eles optavam com frequência por surtidas limitadas a oeste - na direcção do Humbe, da Camba ou do Quiteve -, e a nordeste, no país dos Ganguelas.

Noutras ocasiões ousavam levar as razias a locais tão remotos como o Quipungo e Caconda, onde os brancos saídos do mar se esforçavam por firmar posições. Este grupo de povos comporta nove subgrupos na Namíbia: Ondonga (Ndonga), Kwanhama (Ukuanyama), Kwambi (Ukuambi), Ngandjera (Ongaqndjera), Kwaluudhi (Ukualuthi), Mbalantu (Ombalantu), Onkolonkathi (Kolonkadhi), Mbadja e Eunda.

No Sul de Angola, os subgrupos são os Kwanhamas (kwanyama), os cuamatos (kwamatu), os ndombondola, os evale e os kafima.

A tribo Kwanhama ocupava um vasto território que ia desde uma zona próxima de Vila Roçadas, acompanhava a margem esquerda do Rio Cunene até às quedas de Ruacaná, confinava com o território Himba nas savanas semi-desértica até à foz do rio Cunene e ultrapassava a fronteira de Angola, penetrando na actual Ovambulândia, Namibia (antigo sudoeste africano).

Os Kwanhamas eram um povo altivo e de grande estatura, criadores de gado por excelência, ignoravam por completo as fronteiras coloniais impostas.

Povo guerreiro, fez frente à permanência portuguesa até meados da década de 1920, e foi Pereira d'Eça, militar ao serviço do governo português que os obrigou a recuar, mas até nesse recuo muitos portugueses foram abatidos, dada a sua persistência.

Os Kwanhamas são uma sociedade em que o chefe do agregado familiar é a entidade máxima dentro dos limites da sua unidade territorial, denominado como eumbo.

O eumbo não é mais do que um grande complexo habitacional, residência de uma única família. É a unidade mais básica da estrutura social da sociedade Kwanhama.

O eumbo é uma estrutura orgânica que crescia consoante o número de pessoas que nele habitava.
Podia ser uma estrutura simples. Eumbo é o termo utilizado para designar uma unidade residencial. Podia ser uma estrutura bastante complexa.

Era também um símbolo de poder, uma vez que um novo eumbo só pode ser construído mediante a aprovação do chefe do eumbo de onde é originário o jovem que pretende construir o novo eumbo.

Usos e Costumes

"Efundula leengoma" era uma cerimónia de iniciação que simbolizava a passagem da rapariga, neste caso da rapariga da etnia Kwanhama, da adolescência à idade adulta.
Depois desta cerimónia, a jovem podia ser tomada como esposa.

Para que este cerimonial acontecesse era marcado o dia, e dado conhecimento à rapariga através das mulheres da familia materna, mas se estas desconfiassem que a jovem iria negar, esta era levada à força por homens jovens convidados para o efeito, entre os mais corpulentos e fortes, mais capazes de a carregarem ao ombro e de a levarem à presença dos anciãos que presidiam à cerimónia.

A festa era realizada em casas conhecidas da área e a jovem era apresentada seguindo-se o ritual do 'oufila'. Decorridos os rituais e os três dias que durava a festa, a rapariga tomava consciência de que aquele era o seu destino e que nada havia a fazer para o evitar. De entre os rituais destacava-se o de "ondjuwo".

Este decorria no quarto da mulher principal da casa, que ficava ao lado de "olupale", uma espécie de sala principal de jantar.
A cerimónia de "ondjuwo" continha elementos imorais contrários à dignidade da pessoa humana, e foi condenada pela Igreja, como pecado.

Entre os Kwanhamas (kwanyama ou oxikwanyama), no segundo dia da «efundula», as raparigas bebiam uma cerveja especial, misturada com drogas, em que se incluia um pouco de líquido seminal de um circuncidado de outro grupo, já que eles não praticam a circuncizão.

No «olufuko» dos Cuamatos, a mestra anciã preparava uma cerveja com drogas da qual retirava uma porção numa taça; nela, um circunciso lavava o seu membro três vezes, e a rapariga, que desconhecia estas práticas, bebia um gole. O resto, a mãe ia-lho derramando pelo baixo-ventre.
O noivo podia reclamá-la quando lhe apetecesse, se a noiva já tivesse regressado a casa, após a cerimónia de iniciação (efundula :cerimónia de mudança de lugar, estado, de situação social e de idades), e se o "alambamento" (oinda) já tinha sido entregue aos pais.
Uma parente e um amigo do noivo apresentavam o pedido e acompanhavam a noiva a sua nova casa, onde dormiria com o

marido e o casamento ficava consumado.

O "alambamento" não era considerado um dote nem sequer uma compra, muito embora tivesse carácter de investimento, e era constituído, essencialmente por um boi, destinado ao pai da noiva, e várias enxadas para a mãe, como que uma compensação que funcionava como um seguro de casamento.

A família da noiva perde um elemento de trabalho e recebe um boi e as enxadas em troca.

Por outro lado, a fim de evitar a restituição do "alambamento", a família da esposa tudo fazia para que o casamento não se desfizesse por culpa desta.

Inda assim o divórcio era reclamado pela mulher, uma vez que havia sempre um pretendente disposto a indemnizar o anterior marido.

Se o Kwanhama batesse e injuriasse a mulher, não a presenteasse com vestidos, não lhe lhe proporcionasse mantimentos, ficasse muito tempo fora de casa, etc, dificilmente a relação se mantinha.

Também o adultério da mulher não constituía motivo de divórcio. Se o marido tivesse conhecimento do facto, exigia o pagamento de um boi e considerava a "cara lavada".

Se esta indenização não fosse paga, vingaria a sua honra ofendida, porém, quase sempre o prevaricador pagava sem relutância, e, quando isso não sucedia, a questão era levada perante a autoridade local, que sanava o conflito.

E a mulher não tinha repugnância em confessar o desvio cometido. Raramente o marido propunha o divórcio, mesmo após infidelidades sucessivas.

E mesmo se a mulher fosse estéril, apesar do seu grande desejo de ter muitos filhos, não utilizava o facto como causa de separação, antes trataria de arranjar outra mulher que lhos desse.

youtu.be/uOEXQ8CWzmg

OVAMBÓ
KWANHAMA

O povo Ovambó faz parte da extensa árvore genealógica Bantu e pode ser localizado no vasto território das planícies ao sul de Angola, na fronteira que liga à República da Namíbia.

O povo Ovambó é composto por dois grandes grupos: o Ovakwanyama e o Ovandonga. O termo genérico "Ovambo" refere-se às construções típicas deste povo, sendo que uma aldeia é designada de Ewmbo e mais que uma aldeia designa-se por Ovambo.

A língua falada neste território é Oshikwanhama e tem como variantes Evale, Kwamato Ndombondola, Okafima e Ombanja.

As residências são tradicionalmente construídas com pau a pique, também conhecido como taipa de mão, cobertas de capim e, usualmente, protegidas por um cerco também feito de capim. Adjacente ao local de habitação, podemos ainda encontrar espaços reservados para a criação de gado, sendo este um povo que se dedica essencialmente à pecuária.

É também um povo guerreiro, reconhecido pelas suas conquistas durante a luta de resistência colonial entre outros processos que marcam a história recente de Angola.

Falando da história do povo Kwanhama, importa destacar a figura de Mandume Ya Ndemufayo, último Rei dos Oshiwambo, que com apenas 20 anos ascendeu ao trono, de acordo com o direito de sucessão materlinear. Mandume morreu aos 24 anos de idade, no confronto com os Europeus na África do Sul, enquanto lutava pela defesa da dignidade do seu povo.

Socialmente e economicamente, o povo Kwanhama tem como ocupações principais a criação de gado e a agricultura. Em Angola, o povo Kwanhama estabelece vizinhança com o povo Olunyaneka a norte, Oshihelelo a este e Oshindonga a oeste.

Devido tanto à proximidade geográfica como também a outros pontos de contacto, da dança à alimentação, podemos encontrar grandes coincidências em termos de hábitos e costumes entre os povos Kwanhama e Nyaneca.

Fonte: Projecto Sonangol Origens

Nesta segunda edição do livro Cultura Africana, O RETORNO, dei uma maior atenção a história do Rei Mandume, pela sua importância histórica e luta pelos interesses de seu povo. Como pode ser ouvido em um dos vídeos que tive a honra de produzir no memorial do Mandume, o preletor dizia que Mandume não era contra a colonização, mas era contra a forma com que os portugueses a faziam. Como puderam ler nas páginas anteriores, rei Mandume teve uma boa formação e utilizou esta formação à favor do seu povo. Eu, Celso Salles, em particular o considero um grande herói angolano e namibiano, visto que o seu reino compreendia terras dos dois países. Pela proximidade que tive com Eugenio Ndamenapossi, sei da existência de importantes documentos no Cunene que comprovam toda a história que pôde conhecer nos textos que publiquei nas páginas anteriores. É fundamental se conhecer outros lados de uma mesma história, muitas vezes não divulgados por falta de interesse ou mesmo por falta de recursos. Espero ter contribuído com estes textos para que pessoas em todo o mundo tenham acesso a estes novos e importantes lados sangrentos advindos da OCUPAÇÃO EFETIVA DA ÁFRICA, preconizado na Conferência de Berlim, com a qual iniciei este livro.

A INFORMAÇÃO CULTURAL PRECISA CIRCULAR

Não basta somente eu saber, minha família saber, meus amigos conhecerem. O MUNDO PRECISA CONHECER. A informação precisa circular na maioria dos meios de comunicação possível. A música é um dos principais veículos de comunicação de cultura. O ritmo, a sonoridade do idioma é porta de entrada para toda a cultura. Quando Vlado Coast e eu planejamos a realização do Navaye Fest Show, sabíamos que voltaríamos com a bagagem repleta de informações, registradas em fotos, vídeos e agora em livros. É isso que precisamos fazer em África, de forma altamente planejada. Isso faz parte do segundo quesito que chamei de

Da esquerda para direita Celso Salles, escritor e Eugênio Ndamenapossi, na época (Fevereiro de 2018), Secretário da Cultura do Governo do Cunene.

Vlado Coast | Eugenio Ndamenapossi | Celso Salles

TRANSFORMAÇÃO. As políticas públicas dos governos em África precisam contemplar investimentos na divulgação de suas culturas. O artista sozinho tem inúmeras limitações, mas o artista com apoio, consegue chegar onde nenhum governo consegue, ou seja, na mente e no coração de pessoas do mundo todo.

A IMPORTÂNCIA DO CAMINHO INVERSO

Mais um passo importante é aproveitar as oportunidades e fazer chegar a cultura africana mundo afora. Devido a abertura do então embaixador da Suécia em Angola, Excelentíssimo Sr. Lennard Killander Larsson, foi feita uma homenagem à rainha da Suécia e entregue na Ebaixada da Suécia em Luanda. Essas iniciativas não precisam e nem podem ficar restritas aos governos. Precisam ser pensadas e feitas através de pessoas e organizações singulares.

MÚSICA, O PRINCIPAL VEÍCULO DA CULTURA AFRICANA

BENIN
Angélique Kidjo

https://youtu.be/JwoV1-ykm9E

ANGOLA - Cunene
Vlado Coast

https://youtu.be/gRdNG0sc2Us

Através dos links e dos QR Codes poderá ouvir várias sonoridades africanas. Apoiar estes e demais artistas que cantam dentro e fora da África é fundamental, pois muitas pessoas vão ouvir pela primeira vez os idiomas de seus ancestrais.

GHANA
Pazzo Joe

https://youtu.be/ybfSn2L0lt0

ANGOLA
Anabela Aya

https://youtu.be/SK5BWBUcaeQ

CONGO DEMOCRÁTICO
Lokua Kanza

https://youtu.be/yh1Cjpgs1tl

REFLEXÕES DE EXTREMA IMPORTÂNCIA

Quando os europeus chegaram à África ela já existia há milênios com seus diferentes modos de vida, culturas, sistemas e ecossistemas. Como pôde ver na página 32 deste livro:

1415: Expansão marítima portuguesa

A conquista da cidade de Ceuta, hoje um enclave espanhol no norte de África, por tropas portuguesas, a 22 de agosto de 1415, marca o início da expansão marítima portuguesa. A ocupação deste importante centro comercial e de comunicações abriria, assim, caminho para o processo de consolidação das colónias portuguesas na costa africana.

Se começarmos a contar à partir de 1415, passamos de 6 séculos de ocupação africana, feitas em nome de muitas ideologias e pensamentos.

Como tive a oportunidade de mencionar nos demais livros da Coleção África, temos de facto uma enorme conta a ser paga ao continente africano, por toda a destruição que fizemos. Na página 64 deste livro mencionei que o meu lado branco quer pagar esta conta e o meu lado negro já começou a se preparar para receber.

Como um clamor tão minúsculo como o meu poderá fazer resultar estas grandes transformações utopicamente por mim sonhadas?

Um oceano, por mais majestoso que seja e o é, é composto por gotas. Ainda que tudo o que tenho escrito representa uma só gota no oceano, essa gota tem a sua importância e o seu papel.

Lembro ainda que grandes incêndios florestais começam invariavelmente por uma pequena fagulha.

Gerações após gerações estamos carregando este pesado fardo de dominação, que provocaram mortes e sofrimentos incontáveis. Ao meu ver, passou a hora de iniciarmos esta importante mudança.

Neste livro, bem como em sua divulgação falo duas palavras de imensa importância: REPARAÇÃO E TRANSFORMAÇÃO. Se apenas repararmos e não nos transformarmos, corremos o risco de cometermos atrocidades ainda maiores no futuro.

COMO EU VEJO A REPARAÇÃO DE UMA MANEIRA GERAL.

O primeiro e importante passo é a conscientização internacional de que temos que fazê-la e que, onde tiver um só africano e afrodescendente, temos que repará-lo.

Veja que é um sentimento que DESCONSTRÓI O RACISMO tal como ele é. O racismo vem há séculos sendo utilizado para a dominação do povo negro e o seu aprisionamento a um sentimento de inferioridade irreal, visto que todo o conhecimento que hoje temos é advindo do Egito (África).

Ao desconstruirmos o racismo, elevamos o status da humanidade. Quando viajamos pela europa e demais continentes, vemos um belo grau de desenvolvimento em inúmeras áreas, porém como essa civilização pode continuar a conviver com a vergonha do racismo?

A resposta é única e simples: SIMPLESMENTE NÃO PODE MAIS.

ISSO NÃO É COMIGO X ISSO É DE TODOS NÓS.

Na verdade eu posso sim continuar fingindo que isso não é comigo, como posso começar a ver de forma diferente: ISSO CABE A TODOS NÓS RESOLVERMOS E MUDARMOS.

Bom, se cabe a todos nós eu posso iniciar a minha parte na REPARAÇÃO.

Veja que durante o processo de REPARAÇÃO já começa a TRANSFORMAÇÃO. Automaticamente.

Quando no dia 06 de Setembro de 2011, iniciei minhas viagens pelo continente africano, primeiro em Angola e no mês seguinte no Zimbabwe, passando pela África do Sul, comecei a materializar muitas ações preconizadas no ano 2000 quanto trabalhava na cidade de São Paulo - Brasil na área de propaganda e marketing e criei o Festival Virtual Africano. Na época nem Youtube havia ainda. Colocava meus áudios em tecnologia Flash que nem é mais utilizada, devido a sua complexidade de processamento.

Continuo materializando inúmeras ações, conforme poderá ver nos demais livros da Coleção África ou mesmo no Google, pesquisando por Celso Salles.

Esta Coleção África mesmo nada mais é que uma importante materialização de ações que entendo ser de fundamental importância para iniciar um grande e importante processo de mudança. Entendi rapidamente que as mudanças tinham que começar a partir de mim mesmo.

Na primeira edição do Livro Cultura Africana - O RETORNO - O Bolo de Volta, coloquei inúmeras outras ações onde venho materializando boas coisas em prol do Continente Africano.

Nas próximas páginas e já encerrando o livro estarei atualizando o leitor com recentes materializações.

130 MILHÕES DE PESSOAS

ENAFRO + EDUCASAT + CASA DA FRANQUIA

Turismo + Formação + Franquias + Empreendimentos + Agricultura + Indústri

Assista: youtu.be/g_3RdaDx1X

Conheça em primeira mão toda a amplitude da Coleção África do escritor afro-brasileiro CELSO SALLES e seus no
planos para a ÁFRICA continente, ÁFRICA BRASILEIRA e Diáspora Africana em todo o mundo, através de sua NO
COLEÇÃO DE LIVROS a ser iniciada em JANEIRO DE 20

CONHEÇA
Celso Salles

Desenvolvido
StreamY

rof. Dr. Odair Marque...   Celso Salles   Gilson Ferraz - Casa da

130 MILHÕES DE BRASILEIROS PODEM CONHECER A ÁFRICA - CELSO SALLES - ENTREVISTA

https://youtu.be/yUoaIbArnaQ

EU, O DESERTO DE KALAHARY E 62 ANOS DE TRAVESSIA.

- Me, the Kalahary Desert and 62 years of crossing.
- Moi, le désert du Kalahary et 62 ans de traversée.
- Ich, die Kalahary-Wüste und 62 Jahre Überquerung.
- Yo, el desierto de Kalahary y 62 años de travesía.

amazon.com

Ainda dentro do que batizo de MATERIALIZAÇÃO de ações diversas com vistas a REPARAÇÃO e TRANSFORMAÇÃO, tenho a satisfação de inserir na segunda edição do livro Cultura Africana - O RETORNO - O Bolo de Volta, o grande trabalho que deverei fazer em parceria com a ENAFRO e CASA DA FRANQUIA, onde com base na cidade de Johannesburg - África do Sul, estaremos trazendo grandes comitivas brasileiras, com o objetivo de aumentarmos o fluxo de negócios com todo o continente africano.

A logística oferecida pela África do Sul é perfeita. Próxima do Brasil. Sem a necessidade de visto para os brasileiros entrarem no país, o que vai agilizar e facilitar inúmeras conferências, parcerias e negócios em geral com países africanos. Negócios estes de pequeno, médio e grande porte. O aquecimento do turismo em África será inevitável.

Celso Salles

ENAFRO
ESCOLA NACIONAL DE NEGÓCIOS REAFRO

A ENAFRO, "Escola Nacional de Negócios – REAFRO", é uma organização parceira da Rede Brasil Afroempreendedor. A ENAFRO se ordena dentro do contexto contemporâneo como uma startup de impacto social, isto é, se constitui iniciativa afroempreendedora, em fase inicial de instalação, com potencial de sustentabilidade e escalabilidade. O propósito da ENAFRO se fundamenta no âmbito de melhorar a vida das pessoas através da formação continuada, com base na diversidade e no afroempreendedorismo. A compreender que a conjuntura atual configura profundas transformações nos modelos de sobrevivência e autonomia financeira. A valorização dos afroempreendedores e o fortalecimento de sua capacidade e sustentabilidade empreendedora é fundamental para a composição de seus projetos de vida e à ampliação de seu papel social nas várias modalidades de liderança que esse processo constitutivo exige às novas modelagens de sociedade que se avizinham.

A CASA DA FRANQUIA fomenta novos negócios independente do setor, é especializada no segmento de Franchising, na Expansão, Comercialização e Incubação de novos projetos. Formata redes de franquia, possibilitando que ideias em fases embrionárias ou empresas com um know-how desenvolvido e marcas já estabelecidas possam se tornar franqueadoras, ampliando sua participação no mercado.

Desenvolve projetos desde a concepção e montagem da primeira unidade piloto, comercializa, repassa franquias e auxilia os

empreendedores a realizar o desejo de ter seu próprio negócio ou mesmo de encontrar as soluções mais adequadas para a expansão de sua empresa.

Assim como doutores no segmento de Franchising, efetua consultas agendadas para investidores e empresários que possuem dúvidas sobre o segmento, peculiaridades, vantagens e desvantagens, bem como quais franquias estão consolidadas, crescendo e principalmente cumprindo com suas responsabilidades, apoiando e assessorando sua rede.

Responde através do FRANWHATS (19) 9 96133110 todas as dúvidas pertinentes ao segmento, a inovação WhatsSap é uma conexão direta com um Auditor de Franquias que deverá responder todos questionamentos e objeções. A CASA DA FRANQUIA, mais uma vez inovando no segmento, oferecendo uma linha que poderá responder e alicerçar suas reuniões e pesquisas a qualquer momento, horários e ocasiões. O seu orgulho é saber que quando muitos estão em repouso, estará trabalhando por você.

MISSÃO: • Promover o crescimento das empresas, através de processos estruturados e resultados efetivos. Transformar negócios em de sucesso, independente de seu estagio;

VALORES: • Pró-atividade, criatividade, compromisso com os resultados;

ESTRATÉGIA: • Trabalhar de forma individualizada, tratando os iguais de formas iguais e os desiguais de forma desigual na medida de sua desigualdade;

VISÃO: • Desenvolver cada prestação de serviço de forma artesanal e personalizada, humanizando o segmento;

O LIVRO COLEÇÃO ÁFRICA DE CELSO SALLES, JÁ ESTÁ NA FUNDAÇÃO OBAMA EM CHICACO.

Endereçado ao casal Michelle e Barack Obama, foi entregue na versão em inglês, com 396 páginas, contendo um resumo dos 11 livros escritos.

Por que é tão importante que a família OBAMA leia o livro?

Exatamente porque é a família OBAMA.

O que nós como raça negra precisamos URGENTE é criarmos nossos novos parâmetros.

blurb

Delivery date
Oct 5
Your order is delivered

UPS Mail Innovations
9241690113572178157300301013

5 Oct   Package delivered by post office
12:04 PM   Chicago, IL, 60615, US, United States

No livro ENQUANTO DANÇAMOS CULTURALMENTE chamo muito a atenção do leitor sobre a importância de criarmos novos parâmetros para nossas novas gerações. E quando se fala em novos parâmetros uma família OBAMA acaba sendo na atualidade inegavelmente o grande exemplo a ser seguido. Não se constrói um presidente da República do nível que foi Barack Obama em suas gestões, do dia para noite. É fácil imaginar quantos desafios precisou enfrentar e ainda precisa. Daí vem a IMPORTÂNCIA DE SE ESTAR PREPARADO.

Do céu só cai chuva e trovoada. Temos que ir a luta. Temos que ser ousados. Temos que escrever novas e importantes páginas de nossa história, estando onde estivermos.

Não tem vida fácil para ninguém.

É com esta força que devemos seguir em frente e, no dia a dia, fazermos o máximo que pudermos pela melhora de nossa humanidade em geral.

Seja o OBAMA DA SUA FAMÍLIA. Seja o OBAMA DO SEU BAIRRO. DA SUA CIDADE. DO SEU ESTADO. DO SEU PAÍS.

Reinvente-se. Não aceite as dificuldades que a vida lhe impõe. Trace novos objetivos para vencê-las e deixe um grande contributo em sua passagem pelo planeta terra.

Pudemos ver neste livro os grandes desafios que enfrentamos há quase um milênio. Temos que revertê-los e na TRANSFORMAÇÃO evitarmos que novas ações nocivas sejam feitas por conta de pensamentos egocêntricos.

As nossas obras nos perseguem. Que elas sejam cada vez melhores, mais humanas. Que tenhamos coragem de sermos bons e solidários.

O Planeta Terra vai precisar ao longo das próximas décadas ou centenários, buscar novas formas de energia e para isso, tem que criar desenvolvimentos onde, principalmente as nações pobres, possam diminuir suas dependências do petróleo.

Eu, aqui em África, sinto essa visão dos governantes da maioria, se não de todos os países africanos. Mas não é algo que eles possam fazer sem uma ajuda global. Sem que o resto do mundo, ao invés de ainda continuar cobiçando e dominando, entenda que essa terra tem donos e os donos precisam de REPARAÇÃO que os levem a crescer. É o mínimo a ser feito por todo um continente tão destruído pela ambição e falta de respeito à humanidade por parte da geração da Conferência de Berlim e outras.

Cada um de nós pode contribuir sim com muita coisa. Por menos que seja, pode contribuir. Em particular, sinto a grande dificuldade que a maioria das pessoas que convivem comigo tem para entender o meu pensamento e modo de vida. Tenho certeza que muitos irão compreender dentro do que coloquei nos 12 livros da Coleção ÁFRICA.

Temos sim o direito e o dever de escolhermos muitas coisas em nossas vidas, mas não podemos deixar de contemplar que MUITAS COISAS NA VIDA TAMBÉM NOS ESCOLHEM.

CPSIA information can be obtained
at www.ICGtesting.com
Printed in the USA
LVHW070048111121
703048LV00005B/394